U0035938

AQUARIUS

AQUARIUS

AQUARIUS

AQUARIUS

Vision

一些人物，
一些視野，
一些觀點，
與一個全新的遠景！

思辨

【推薦序二】

體制高牆無法閃躲的一記直拳

王鐘銘（台灣綠色酷兒協會祕書長、台北同心扶輪社社長）

身為軍伍同梯，我是先認識迷彩猛男黃益中，再認識熱血公民老師黃益中——這樣的順序，彷彿預告著他進入社會運動的姿態：毫不遮掩的直接。這作風，不只是跟他作對的公部門感到棘手，連社運伙伴都得費一番功夫去適應，但是這些為難和顧慮，益中沒有太過在意；推動他往前的，是始終如一的樸素正義感和說一不二的真性情。

帶著樸素正義感和真性情，在事事講究倫理、辯證和批判的社運圈裡，又要面對被法規制度、政治利益和傳統窠臼綁死的公部門，他完全是一個異數，也因此，我太習慣於原本那種一個念頭打三個結的節奏，所以益中是直來直往，我就總是直冒冷汗。後來，我看到益中的確扮演了一種不可或缺的角色，像是對著國王新衣哈哈大笑的小孩，我愛上這一位麻吉老友兼抗爭戰友。

我們在社運場合的第一次重新邂逅，是好幾年前的同志遊行。在凱達格蘭大道上，這位異男味猛男向我打招呼，我必須坦白承認，鑽進我腦子的第一個問題，是好奇於他的性傾向。我沒有問出口，因為我很快察覺到，對益中的行動來說，自身的身分和處境並沒有任何影響。等到這兩年我也跟他邏輯同步化之後，我運作他的肌肉外表和率直舉止來為性別多元議題發聲，效果十足：不管是在同志團體的小教室裡，還是馬路中間的大舞台上，他都能激勵士氣。一個大剌剌的異性戀男子，衣著除了為裸露肌肉的鋪陳之外，沒有任何裝飾作用，卻能夠用扮裝皇后那股萬夫莫敵、唯我獨尊的嗆辣氣勢，把目光聚集起來，再把能量放射出去。

我們第二個合作的運動，是居住權：益中關心高房價問題，站在買不起房子的小市民立場，而我為反迫遷而奔走，跟守護家園的住戶並肩；這也是益中之所以從聲援者進化為行動者的關鍵時刻。談這個議題，益中幾乎做到如同白居易以老嫗能解作為標準：沒有拗口的理論，只有清晰的思路。他用信函去跟公部門對話，用投書於媒體去跟大眾對話，他迎戰質疑和辯論，追擊閃躲和沉默，把一個原本只牽扯到弱勢族群的冷門話題，綁上人人無法閃躲的基本民生。這場長征的最新進度是，他從街頭和會議室，打回他的老巢，教育現場。

不管哪種議題，益中以樸素正義感為內力，以直接不閃躲為拳招，這是體制高牆無法閃躲的一記直拳。老實說，這一拳打上去，高牆打一個洞，益中的拳指恐怕也傷得不輕，鮮血滴流的，因為他畢竟不是活在真空的人，他有他的職涯，有他的生活。無論如何，他吃下反作用，再蓄一力，再出一拳。

然而，他的樸素，並不代表簡單粗糙，他的直接，並不代表未經深思，而是一種直指核心的堅持，不會被混淆原則，不能被轉移焦點。身為公民老師的益中，對理論畢竟是不陌生的，受的思考訓練畢竟是扎實而完整的，所以我對他最新一拳打回他最熟悉的教育領域，頗有期待：在體制高牆上打幾個洞，讓青春小毛頭有機會鑽過去看新視野——總有一天，小老鼠們會把牆根拱鬆了，雞蛋也能有戰勝的機會。

跟孩子一起上公民課

沈清楷（比利時魯汶大學哲學博士、「哲學星期五」發起人）

二〇一三年在哲學星期五的場合中，有幸認識到一位奇特的人物：黃益中。後來，相談之下才知道他是高中公民老師。不同於我年少時對公民老師暮氣沉沉的印象，相反地，黃益中老師充滿魅力與熱情，更是頭腦清晰、口才便給。不僅於此，黃益中老師和他一群同樣為高中老師的朋友們，因為對現實不公的反省與行動，共同聚集一群有理想的人，投入到居住正義的公民運動，更是讓人佩服不已。

目前三四十歲的人，也包括年紀更大的人，對自己成長環境中的公民教育如果不是無感，就是或多或少有一種說不出的厭惡感，原因是，許多人長大才知道自己當時所接受的歷史、地理有許多因為政治控制而產生的虛構，而公民課程——「公民與道德」毋寧是黨國意識形態，延伸到校園中，所進行的效忠式道德規訓教育。不過目前高中的公民課程，卻因為許多熱血公民教師的介入，重新思考「何謂公民？」、「公民教育可以是……？」而有不一樣的面貌。黃益中老師就是在這幾年風起雲湧的公民運動的歷史時刻，寫就出充滿思辨的公民課程。

這本書生動地透過老師與學生間「對話」方式，爬梳了台灣近年公民自覺運動，既是思想性的，也是實踐性的。舉凡台灣目前高房價卻高空屋率的奇特景象，當住宅成為炒作商品，從而思考如何透過制度面解決居住正義的問題，並衍生出：「社會住宅是否必要？」；藉由護家盟與同志團體之間的論爭，引導出同性婚姻的討論背後，所隱藏的偏見；在過去對於勞動權益的漠視，藉由關廠工人、國道收費員自救會抗爭，思考公平的勞動條件為何；當市場以自由競爭來合理化對勞工的剝削，以及我們自以為公平正義的社會，卻處處發生著對東南亞移工「視而不見的歧視」，從中導出多元文化以及尊重他人的價值思辨；在環境保護與經濟開發的爭議（反核、台東美麗灣），過於向財團傾斜的短線政策操作，影響的是後代子孫原本可以看到的山、海與自然；當然這本書也帶進了近年甚囂塵上的「公民不服從」（洪仲丘事件、三一八太陽花運動、香港佔中等）的反省，一旦政府失去了監督時，或是政府以公權力壓迫人民時，非暴力抗爭難道不是一種必要？

這些思考點都是從原生於台灣土地的情境並具有國際視野寫出的公民思辨課程，乃是透過統計數字、文章、報導等不同來源的資料，輔以漸進、引導式教學，用深入淺出的方式，比較台灣與國際之間的連動關係，提供學生對現實反省的背景廣度，讓學生得以自主判斷，因而翻轉了我們公民課程上對下充滿說理、教條的刻板印象。原來，公民課也可以這麼上！

閱讀著黃益中老師精心安排的上課紀實，看到師生之間的對答，常常讓我掩卷大笑外，自己在閱讀書稿的期間，不由自主地回想到高中熱情青澀年代，那個希望能夠獨立思考成為大人卻又對世界充滿疑惑的時期，筆者心想，如果我當時也有這樣的公民課，那該有多好！或許年輕的自己，就不必藉著「做什麼都一樣」的虛無主義，自戀地包裝著軟弱的自憐；也不必只停留在「沒有什麼是真的」的懷疑主義，自相矛盾地證明自己孤獨的清醒，或許還可以更積極地思考、創造與行動，而不被一種絕望的保守心態所攫獲。

這本書交代了黃益中老師在課堂上許多思想啟發，背後有一種純真與熱情的交織，以多元觀點激發學生思辨的潛能，產生對人的柔軟、對事的堅持，讓對他者的關懷成為正義感的底蘊。筆者淺見，黃益中老師不會是個異數，而可能是台灣目前二十幾歲到三十幾歲的新一代公民老師，所共同有的特色：善於思考批判並且勇於行動。也是這份特質，筆者相信，不論時代如何困頓，他們將會教導著我們的孩子並守護著他們心靈中那份純真的正直。

我們不妨跟著自己的孩子上公民課，也為自己補課，喚回自己早已經被過度世俗現實感驚嚇下所逃離的正義感，也喚醒年少時心中那股追求豐富的熱情。如果我們慶幸台灣有一群傑出的公民老師在為我們的下一代默默地奉獻，而筆者自問：那我們的責任呢？

【推薦序三】

向下扎根的公民思辨課

張金鶚（政大地政系特聘教授、前台北市副市長）

面對當前不公不義的社會，本書作者提出十個課題，形成了十堂課。原本擔心有許多課題並非屬於我個人專業，作者希望我幫忙寫推薦序，無法勝任而拒絕。但當我仔細讀完全書，看到作者的理想與熱血，這些課題除了給高中生的思辨外，更可以給社會一般人民的「公民課」，我義不容辭寫下此序。

個人在大學從事教學、研究與服務三項主要工作，轉眼已有二十八年時間，過去較多心力投入在學術研究的工作，最近有機會借調到台北市政府服務，難得的人生經歷，也逐漸改變調整自己未來的工作想法，希望能投入更多心力在教學與社會服務方面。看到這本《思辨——熱血教師的十堂公民課》，深深感受到作者對教學與社會服務的熱心投入，令人感佩。尤其作者更致力於改善當前台灣嚴重的居住問題，此正好和我的專業研究領域相一致，責無旁貸應予支持。

看到台灣從過去較為勤奮努力的美好樸實社會，隨著經濟成長繁榮進步卻逐漸走向政治藍緣、社會貧富、甚至不同世代彼此對立不信任的醜陋浮華社會。大家擔心與焦慮我們未來的下一代，建構公與義的社會，就從本書的「公民教育」開始吧！

本書安排了十堂課程，包括：一、公共利益，二、多元性別，三、多元文化，四、勞動權益，五、居住正義，六、社會運動，七、永續發展，八、民主參政，九、兩岸關係，十、自由貿易。每堂課都很重要，是現代公民必須認識的基本課程。

每堂課的課程教材內容安排包括了：一、摘要（課程、新聞、搭配閱讀、影片），二、課堂（背景、提問、對話、影片、結論），三、課後作業，四、後記等四部分，內容充實豐富，深入淺出，不但適合作為高中公民課的教材，也適合作為一般社會大眾的公民讀本。

身為推薦者，我也必須提醒，在現代公民的成長過程中，應體認公民課程學習背後的「價值觀」才是關鍵，如何透過各方的知識數據與對話討論，以及自我的思辨，逐漸調整形成，才是成熟的現代公民。我這學期剛好在政大有門通識課「房地產正義的思辨——面對房地產的衝突與選擇」，上課的教材與討論，同樣希望學生的學習能發揮多方檢視與自我思辨的能力，透過如此的學習過程，建立自己的房地產價值觀。顯然讀者對本書的閱讀與學習也要抱持相同態度，本書的各種說法與觀點，需經多方檢視與自我思辨，未必要全部認同。

看到高中公民課的教師，本書作者黃益中老師，如此努力實踐公民社會，向下扎根，令人尊敬。期待讀者也可從此書的閱讀學習並感受到高中老師的熱血。

【推薦序四】

「師生共學」的公民課

張茂桂
（中研院社會學研究所研究員、高中公民與社會科（99）課綱小組召集人）

認識益中是在數年前一次為高中「公民與社會」科老師們舉行的研習裡。當時他給我的印象是：不盤擱也不勾關、我行我素且有點搞孤僻的樣子。對照他書中的自敘，他當時恐應該還屬於自己顧自己，認為可以靠個人努力成為中產有殼一族的階段吧?!

去年，二〇一四年初，益中逐漸開始從一個彷彿事皆不關己的中學老師蛻變成為「充滿正義感」的熱血青年。他和一群同樣基於正義感的高中老師，投入街頭的「翻轉教室」行動，抗議教育部亂調課綱的黑箱作業、程序不正義。益中加入了禁食抗議的行列，同時也在一旁號召大家參與他同時跨場進行的「居住正義」行動。本書在一開始時誠實地交代了他因房地產飆漲而震驚，進而激發他一路走來成為行動派教師的歷程。

從自我冷淡而熱血澎湃轉變，很多人都經歷過從個人的「不幸」處境，從而能反省到更大的社會結構問題，這在歷史與現實中都不乏案例，也讓我聯想到社會學者C.Wright Mills關於「社會學想像」中著名的「個人問題V.S公共議題」的說法。所謂個人問題，是指在日常生活情境，那些被歸當成屬於是個人層面、和公共無關的麻煩事兒。當益中開始投書並寫信給總統府時（有些天真），他所面對到的嘲諷與冷淡對待，其實就是大部分人的心裡想的問題，把「買不起」當成純屬於個人的理財不足、儲蓄不夠、時機判斷，或者是個人的夢想太不切實際的問題，而不是將這問題想成可能是政策的帶頭炒作，或者，把問題想成是房地市場的自然週期、自由機制，而非可怕的、人為的財產挪移（disposition）操縱過程。

為了突破這樣的「孤獨」，也許是不知不覺地，益中終於透過自己公民老師的專業背景，選擇抗爭行動，朝向「公共議題」之路成長。而這本書就是這樣經驗的結晶，眼前他的個人實踐總結，我的觀察就是：身為公民老師要比常人更有面對社會的不公不義的勇氣、教育下一代的責任，是為自己也為了下一代。

所謂「公共議題」，就是將原來看起來是獨立存在的很多個人的問題，系統化、公共化後並開始歸因於結構的過程，或者，是能利用個人之外的結構或者集體觀點，來分析其對個人的各種麻煩事的作用，將看來可能只是一些局部的不幸，個體的問題，連接到還有更大的、更普遍的公共議題，特別指結構不平等的問題。Mills屬於一九五〇年代的美國本土左派，並不是女性主義者，不過當時他主張將「個人的麻煩」進行公共議題化的社會學想像，這和日後女性主義發展出來的「個人的即政治的」口號，實屬異曲同工。

本書各章節所反應的，可以說是依照不同的公民課主題的教學實作呈現。其中包括了例如，認識公共利益、文化的位階與不平等、社會抗議與公民不服從、性別平等、勞動者權益、永續發展乃至於程序正義等等。面對這些硬邦邦的題目，益中用個人的經驗，結合了各種社會現實案例，例如樂生、大埔、關廠工人、三一八學運以及香港佔中事件，簡直可說是近年來，包括「巢運」在內的重大社會運動的講解分析。益中運用了多種的媒體材料以及新聞報導、紀錄片與暢銷的社會科學普及書，藉以刺激學生思辨，鼓勵師生之間的討論。本書傳神地呈現了「原來，公民課可以這樣上！」的過程中，某些激烈的對話、或者學生們戛然靜默思考的片段，這可能是這本書最生動又精彩的部分。

現在教育理論家對於老師的期待，要求老師在教學時以學生為主體，將學理與現實結合，例如，讓中學生也可參與公共事物的討論，藉題發展出相關的知識能力、思辨能力、移情同感能力等等，這實在構成很大的專業挑戰。如果要求每一個老師都能面面俱到，恐怕不切實際。而我也可以想像，一定有人可能會拿傳統的教育專業來挑剔這本書，就是說這些實作並沒有先寫好的劇本，教案的格式也不夠標準，而師生間的論辯天馬行空，知識內容的掌握還不夠周延等等。甚至也可能會面臨校園秩序維護者的批評，認為老師個人主導的風格，鼓勵學生行動的暗示又太強烈等。但如果我們將之看成一種接近真實的「師生共學」的經歷記錄，本書未嘗不是一種可為公共評論的「自拍」圖像。所以，當我們發現這共學的過程中，有哪些矛盾或難以自圓其說之處，或者發現有一部分是濃厚的粉妝，但也有一部分留白太多等等問題；但重要的，最後回頭看，這些問題將都無法遮掩那些學習成就感與喜悅的光。

【自序】

公民課，比我們想得更重要

「以卵擊石，在高大堅硬的牆和雞蛋之間，我永遠站在雞蛋那方。」

——村上春樹

我從來就不是一個正義的人。

說來慚愧，身為高中公民與社會科教師的我，過去雖然都會關心新聞時事，雖然偶爾有空也會參與遊行，但更多時候我只是在看熱鬧，對於那些會為了不公不義上街頭抗議的人們，我大多抱持著基本同情但不關我事的態度。不要說捐款了，有時候連新聞也懶得多看幾眼（因為版面都太小或根本不登）。

直到二〇一〇年底，工作一段時間，錢已存得差不多，收入也相當穩定，是該開始買房準備成家的時候，我突然發現，我根本買不起房子！原本鎖定位在台北市中山區的中古屋，短短半年間，每坪竟然從四十六萬漲到五十六萬。不只這一間，其他區域包括新北市、桃園市，甚至全國都開始炒房瘋「鄉漲」！在看了上百間房子、接觸上百位房仲的過程中，我知道，買不起房已經不是個人努不努力的問題，而是整個國家體制全面傾向既得利益與富人階級——而且根深柢固、牢不可破。

我曾天真地試著以個人力量扭轉它，我投書給媒體，我寫信到總統信箱，我盡可能希望政府聽到我的聲音，拯救我買房的夢想。投書有回應嗎？有的，我在網路論壇被公開批鬥，批評我年紀輕輕只想住在台北市是好高騖遠不自量力，批評我為什麼賺的比他們多果然當老師真是爽；總統信箱有回信嗎？有的，洋洋灑灑的制式公文回覆我差點以為是文言文閱讀測驗，所謂的民意信箱原來只是幫你把Google文章剪貼整理回覆罷了。

這一刻，我才知道我有多麼孤獨，沒有人幫助我，就如同過去我沒有幫助那些弱勢朋友一般。這次，輪到我成了不公不義體制下的受害者！人性是自私的，所謂的同理心，嘴巴上講得再多，都不如自身面對來得真實。唯有親身經歷，才知箇中辛酸。這一刻，我才知道社會運動的偉大；這一刻，我才理解街頭抗議的心酸。

這群擁有崇高心志靈魂的社會運動者，他們為了這一代的社會奉獻，他們為了下一代的幸福奮鬥，他們是燃燒自己照亮別人的一群。可悲的是，有太多太多的民眾不了解、也不願了解，民眾只看到他們不斷地抗爭，從靜坐、集會，到包圍、佔領，一遍又一遍地叫喊、一次又一次地推擠，在主流媒體鏡頭底下，新聞裡看起來就是一群吃飽太閒、不事生產的暴民畫面。你不能怪民眾無知，因為這就是教育失敗。

過往教育的目的就是要塑造一批服膺體制、順從權威的「好」國民，所以老師講話要聽、學生上課要乖，所謂的「好」學生就是認真讀教科書、不遲到不睡覺、頭髮剪短短、制服紮好好，反正只要考試成績高分，將來畢業考上明星學校就是傑出校友。所以國中會考放榜，校門口會貼建中幾個北一女幾個；高中學測放榜，校門口則貼台大幾個清大幾個。貼榜單沒有什麼不對，我要強調的是，就算台大畢業考上檢察官，擁有高社經地位、賺了很多錢又如何？如果你看到火車站大廳裡很多移工（外勞的不歧視用語）卻認為這樣會「有礙觀瞻、出亂子」，那我還是要說，這就是典型的教育失敗。

教育真的太重要了！這些年來，一群有識之士開始推動所謂「翻轉教育」，訴求打破老師單向授課，強調學生要主動學習發問，教室應該是一個雙向互動的平台。我當然認同這個理念。不過，我心目中的教育不只是如此。教育期待塑造品格，我期待的品格是「公平正義」。我們都曉得《獨立宣言》裡那句撼動人心的「人皆生而平等」，然而實際上真是這樣嗎？每個人的出生條件、背景際遇都不可能相同，我們不用去羨慕富貴人家可以含著金湯匙出生，至少我們要保護窮苦人家能擁有人性的尊嚴。「人權」的積極意義就在於化解這些不平等，找回屬於人的基本價值。

本書是我課堂上的實際重現。我從公民課本裡，挑出十個台灣社會重要的人權議題，寫出可供教學的教案，透過時事討論、影片省思、學生分享的方式，讓這些被誤解的抗爭、被忽略的角落，得到他們應該受到的肯定。

日本著名作家村上春樹曾在網站上回信給一名參與香港雨傘運動的年輕女生，他說：「你們為民主而走的路，最終絕不會白費。你們走過的路，已化作事實留下來。今後，請你們繼續努力，一點一滴改變這個世界。我仍會為你們加油。」

謝謝寶瓶文化提供我闡述理念的機會，謝謝這麼多願意推薦本書的公義人士，更謝謝書中那些默默為人權守候的社會良心。因為有你們的努力，我不會悲傷，我知道台灣未來還有希望！

所以，一起行動吧。建構公與義的社會，從教育開始。

目錄

思辨
熱血教師的十堂公民課

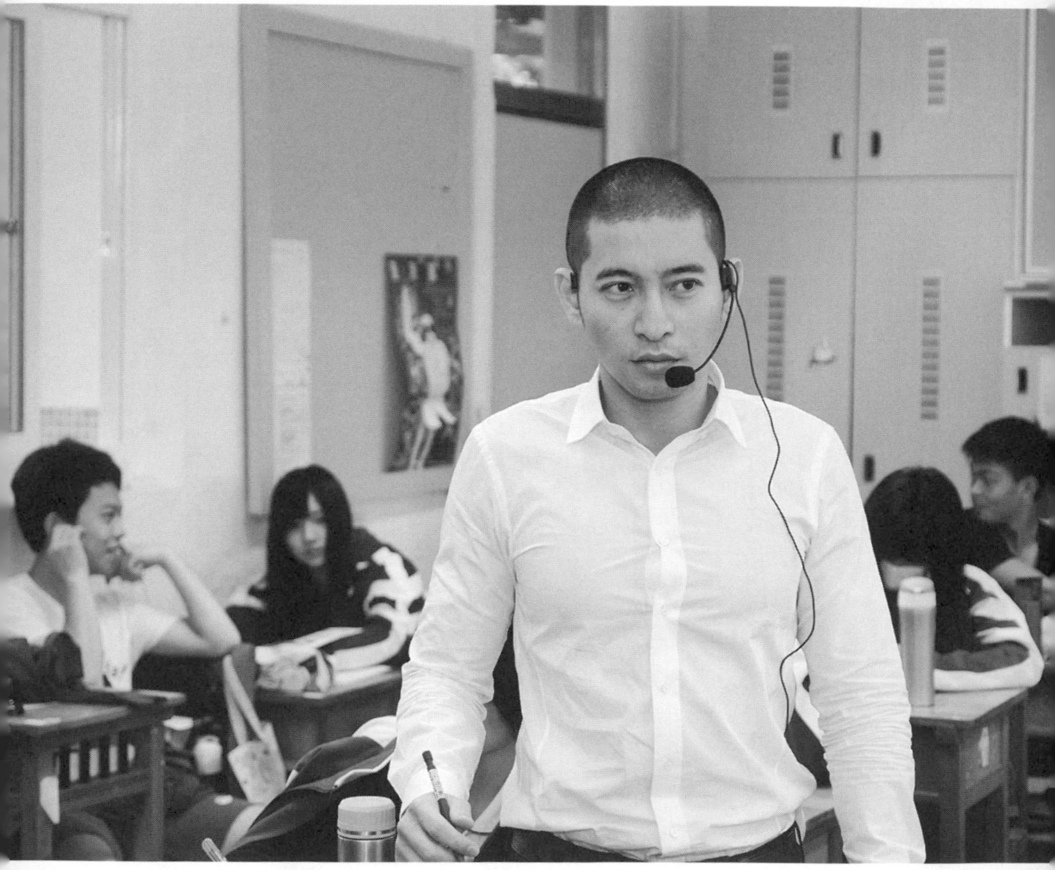

公共利益

第一堂／

要成就多數人的利益，就要犧牲小我？

「所謂的正義與不正義，是體制處理這些事實的方式。」

——羅爾斯（John Rawls）

摘要

1 課程

功利主義／自由至上主義／正義論

2 新聞

樂生療養院事件／大埔事件

3 搭配閱讀

《正義：一場思辨之旅》，邁可・桑德爾（Michael Sandel）著，樂為良譯，雅言

《錢買不到的東西：金錢與正義的攻防》，邁可・桑德爾（Michael Sandel）著，吳四明、姬健梅譯，先覺

課堂

今天是這個學期第一堂公民課，我們要上的是關於「公共利益」，什麼是「公共利益」？**我想從一個遙遠的真實故事來談起。**

十九世紀的大西洋上，發生了一起船難。英國的木犀草號（Mignonette）倖存的四個船員搭了一艘救生艇逃生，在大海上漂流了二十天以後，船上的補給品全都消耗殆盡，沒有飲用水，將是他們生存的最極限。最年輕的十七歲船員帕克不聽勸阻喝了海水，結果身體狀況衰弱，已經瀕臨死亡。

死神在虎視眈眈，而帕克已經陷入昏迷。這時，另外三個船員開始商議：再拖下

去，四個人都會死，但犧牲一人，且在自然死亡之前，有新鮮的血液可供飲用，還有足以維生的食物，其他人就有機會得以生存。

一陣激辯之後，他們下了決定。

四天，終於等到了救援船，三人得以倖存。後來其中一位船員迫於良心不安，向警方自首，這件事當然在英國引發喧然大波，負面批評聲浪不斷。

什麼是「公共利益」？這個常常出現在報章雜誌與你我生活當中的名詞，我們最常聽到的解釋大概就是指「一般大眾的福利或福祉」[1]。如果這個定義可以接受的話，那麼什麼叫做大眾福祉呢？英國哲學家邊沁（Jeremy Bentham）提出「功利主義（或稱效益主義）」（Utilitarianism），他主張欲追求社會的最大幸福，應考量行為的結果是否能帶來最多的快樂。從這個角度來看，所謂公共利益評斷的標準就是「最大多數人的最大福祉」。

不過最大多數人的幸福要如何認定呢？功利主義認為公共利益是可以計算的，將一件事務對於社會上每個人可能產生的幸福與痛苦加以衡量計算，最後可以得到整體社會的幸福淨值總和。當個人對於事件結果滿意時，則此行為對個人來說具有正效益；相反的，若此事件使個人不滿意，則具有負效益。

由此看來，公共利益是一個可以加總的概念，政府為了實現大眾的公益，難免、或者不得已，只好犧牲極少數人的權益。

在這些前提之下，我開口問了學生第一個問題：

「請問各位同學，殺一人救三個人，符合公益標準嗎？」

「當然不行，這是殺人欸。」同學異口同聲地說。

我接著問：「就算他們不殺他，他自己也會死啊。而且帕克沒有家人，其他三位船員都有家庭，為了他們的家庭，這樣算符合效益原則吧？」

「殺人就是不對，沒有人有權力決定他人的死活！這不是公共利益。」說話的是班長小華，在班上很有正義感，也很有主見。

「所以……」我看著小華，「你們寧可四個人都一起死嗎？」

他們開始面有難色，我決定讓同學自由討論三分鐘，整間教室瞬間進入熱鬧的氣氛，你一言、我一語，彼此討論非常熱烈。

1. 維基百科，http://zh.wikipedia.org/wiki/%E5%85%AC%E7%9B%8A

「如果你是法官，你會判決這是緊急避難情況，所以符合『阻卻違法事由』給予免刑嗎？」我結束討論，先問了這個問題。大多數同學都舉手表示反對。

「那如果其他船員拜託年輕船員帕克，比如說給帕克的朋友或親屬一大筆錢作為交換，而當事人自己同意呢？」

「這樣就可以，因為是他自己同意的。」小周邊說邊點頭，坐在他旁邊的男同學們，大家都贊同的點點頭。

「不行，吃人肉就是不對。」小華還是堅持。

「反正他本來就會死……這樣子至少還可以救活另外三個船員啊。」小周說。

在有當事人同意的前提下，我再進行一次表決，明顯發現，大多數同學都認為這樣就符合公共利益。

我拿出桑德爾（Michael Sandel）這本暢銷書《錢買不到的東西：金錢與正義的攻防》來說明自由至上主義（Libertarianism）的觀點。

「自由至上主義」主張市場放任機制，反對政府管制，出發點不是經濟效率，而是人的自由。自由是一種基本人權，人人對自有財物皆享有支配權，前提是必須尊重他人的相同權利。

「既然生命都可以賣了，所以假設一個有錢人需要器官移植，卻苦等不到，那麼他或他的家人直接去買活人的器官也是可以的囉？」

有部分同學點點頭。

「很好，既然有人點頭，那就表示奴隸制度是可以接受的囉？因為這是雙方合意交易的契約，屬於市場機制的範圍，只要不是強迫對方接受，你們也同意人類可以如同商品般在市場自由買賣囉？」看著他們又開始面有難色，我再次給了同學三分鐘討論。

「不行啦……奴隸制度是不對的，人類不是商品啊。」富有同情心的小美怯生生地說出自己的想法。

小周立刻反駁，「可是老師說雙方都是自願的啊，應該沒關係吧？」

「人家二十四孝的故事都還有賣身葬父呢。」也有同學這麼說。

「各位同學，大家都聽過人權吧，人權是普世價值，我們應該都認同。其實，按照德國著名哲學家康德（Immanuel Kant）的說法，人權的根本在於『人性尊嚴』，人之所以為人，是因為人本身就是目的、而非手段。如果把人當成商品來販售，就是剝奪了人性尊嚴，這不但侵犯了人權，也不是一個文明社會該有的價值。」看著同學們睜得大大的眼睛，我等於用力地給同學們打了一巴掌，駁回他們剛才的回答，順帶給了一場機會教育。

其實不只是學生，有時候連大人們自己都忽略了很多價值：**自由主義的市場機制帶給人們富裕與自由，但是它卻讓我們遠離了美好生活的想像。**

過去三十年來，市場和市場價值以前所未有的方式掌控了我們的生活。特別是冷戰結束後，市場經濟似乎證明了它是唯一可以創造富足與繁榮的正確道路。但是桑德爾教授特別點出，並非所有東西都能用價格機能進行合理的衡量，比如奴隸制度，比如買賣兒童，又比如你擔任陪審團成員，你不能雇用別人代替你去，或者有人急著收購選票，我們也不會准許公民販賣選票。

以上這些例子，用桑德爾的話來說，都指出一個重點：「**生命中某些美好的事物，一旦被轉化為商品，就會淪於腐化或墮落。**」人類社會中有感情、有道德、有對公平正義的期待，如果什麼都可以用金錢來衡量，身為人的基本價值是不是就因此被剝奪了呢？

樂生療養院事件

從一九三〇年代就在新莊地區建立的樂生療養院，是台灣專門收容與隔離痲瘋病患的病院。由於該院院區被規劃為捷運機廠用地，在機廠開工前，文史團體就曾要求進行古蹟審查，呼籲捷運機廠另覓地點或變更設計。二〇〇四年開始，「青年樂生聯盟」、「樂生保留自救會」等團體開始以積極行動來促成院區保留。然而，台北市捷運局與台北縣政府以會增加工程預算及延宕通車為由，反對保存團體的訴求。

為了讓學生了解少數人的聲音，我播放一段新莊樂生療養院的故事**《中天的夢想驛站／被世界遺棄　痲瘋病人徐周富子的故事》**[2]：

這是一位老阿嬤徐周富子的故事，她小時候家裡很窮，得了痲瘋病，人人害怕被傳染，把她送進樂生療養院。過年時，阿嬤也不能回家團圓，阿嬤只能「以院為家」。但是阿嬤很樂觀，即使有諸多歧視，她還是儘量活得樂觀，甚至還與痲瘋病友結婚，生下正常的女兒。阿嬤很自豪地說：「**我們家的女兒不但很正常，而且比親戚家的女兒還漂亮呢！**」

2. 2014年9月13日，https://www.youtube.com/watch?v=1GYkxfLoL4I

從十七歲入院，如今已過了半個世紀，這一次，她不向命運低頭，她生在這裡，死也要葬在這裡，這裡就是她的故鄉。

諷刺的是，政府當初是因為要隔離痲瘋病友，就把這些人關進療養院。當病友自立自強，做到「以院為家」地步時，我們的政府突然大筆一揮，說是因為要蓋新莊捷運機廠，必須要拆掉樂生療養院。當然政府也說要照顧病友的權益，所以在旁邊迴龍醫院蓋了新的病房要請病友搬過去。政府的說法是，不能因為五十位病患，卻耽誤了一百五十萬大台北通車族的權益，何況新病房都幫你蓋好了。

乍聽之下的確很有道理，五十對一百五十萬，從邊沁功利主義的效益原則來看，這絕對符合公共利益。

於是我問學生：「如果徐周富子阿嬤是你自己的阿嬤，你還會支持這件事嗎？」

「把你家拆了，然後跟你說我幫你蓋了一個全新的台大醫院，請你住進去，你願意嗎？」幾乎全班同學都頻頻搖頭。

「假設你家是舊公寓又沒電梯，我現在換一間全新的電梯醫院給你，冷氣很涼喔，如果你要看病還可以直接到樓下掛號！」這樣的福利，引起同學哄堂大笑。

小美默默地舉起手，我用眼神示意她說話。

「房子再怎麼破舊，那畢竟是我家啊。」教室陷入一陣寂靜，此刻，孩子們的腦袋陷入了更深一層的思考。

這時我引用美國當代自由主義哲學家羅爾斯（John Rawls）在《正義論》裡提出的「無知之幕」（the veil ignorance）觀點：假設大家來寫一份社會契約，或是制定一個決策，你會怎麼做呢？

所謂「無知之幕」，就是假設訂約者在原初立場中不知道某些特殊事實：不知道自己的社會地位、階級或社會身分；也不知道自己的自然資源、稟賦、能力和體力；也無人知道自己的價值觀。除此之外，立約者也不知道自己社會的政治和經濟情勢，也不知道自己社會的文明水準和文化成就；也不知道自己是屬於哪一個世代。

我們假設大家都是在一片無知之幕之後做選擇，一切都一無所知，回歸到平等的原始狀態來做選擇。

羅爾斯要我們想想，身為一個理性的自利者，你會怎麼選擇？

二〇一三年七月十八日，中央縱容苗栗縣政府強拆苗栗大埔張藥房，一個月後，人民發起「818拆政府——把國家還給人民」活動，向中央提出「道歉賠償、地歸原主、徹查弊案、立即修法」的訴求。

國家還給人民
818拆政府
818拆
非法保

舉一個例子來說明：夫妻離婚時要分財產，雙方財產包括存款、房子、車子等。請各位同學想想：怎麼樣分最公平？

小周不假思索地回答：「把房子車子都賣掉換得現金，再把所有現金加起來除以二啊。」從他臉上的表情來看，他並不覺得這是什麼困難的事。

「聽起來很有道理喔，不過我剛剛漏講一些，他們的財產還有沙發、電視、冰箱、抱枕等等一大堆。而且房子車子也不見得馬上賣得掉。有沒有更好的方法呢？」我還沒說完，就看見同學面面相覷。

「其實一個最簡單的方法，就像切蛋糕一樣，只要指定夫妻其中一方將所有財產分成兩部分，但是卻由另一方優先選擇一部分，這樣分出來的財產絕對是最公平的！」

「咦！真的耶！」「剛剛怎麼沒想到這個方法？」同學們像發現新大陸一樣興奮。

「這樣分的確最公平，」小周點點頭，「沒有人會害到自己。」

從羅爾斯的角度來看，他認為透過「無知之幕」，大家不會選擇功利主義，道理很簡單：**「如果我是那個要被犧牲掉的少數呢？」**

由於民主政治過分強調多數決的原則，社會上的弱勢團體，往往由於人數較少，也未掌握政治社會的資源，使得這些真正需要社會關懷的人，反而得不到政府的照顧。因此，羅爾斯在此提出一個公共利益的衡量標準，即「社會正義」。他的正義兩原則，第一是「平等原則」，每個人都有權利與他人享受同等的自由；第二是「差異原則」，允許財富分配、社會地位和職務的不平等。其中第一原則優先於第二原則。

由於社經背景與天賦條件不同，不可能要求每個人都相同地位、相同收入，假設允許某些不平等，卻可以為社會最底層帶來好處，這時羅爾斯同意可以有「差異原則」。

舉例來說，醫生是個很重要的行業，這關係到你我生命健康安全，如果沒有經過相當嚴格的專業訓練，是有可能危害到人體性命的。為了吸引社會菁英投入這個行業，我們給醫生比較高的薪水。但是這個給予高薪的前提是醫生能帶給偏遠鄉村或社會底層更多的醫療照顧。如果這位醫生只是服務社會頂端階級，則不能享有高薪。

我們常常聽到人要有「同理心」，可是同理心不能只是嘴巴說說，甚至表達同情眼光。那都是假的同理心。**每個人如果都能在「無知之幕」之後思考，如果你我都有可能是那個被犧牲掉的少數時，你還會支持所謂的效益原則嗎？**

在給同學們討論的時候，其實可以發現，同學們對所謂的功利主義的「公共利益」觀點開始產生了質疑。這代表同理心的觀點開始發酵了。

大埔事件

大埔事件，是一起發生在苗栗縣竹南鎮大埔里居民反對政府區段徵收與強制拆遷房屋的抗爭事件。苗栗縣政府為執行「新竹科學園區竹南基地暨周邊地區特定區」都市計畫，進行區段徵收。然而並不是每位居民都同意被徵收，居民組成「大埔自救會」，加上「台灣農村陣線」等公民團體的協助，開始後續一連串抗爭與全國性的聲援。過程中有兩位被徵收戶因此自殺，包括二〇一〇年七十三歲的朱馮敏老太太與二〇一三年張藥房老闆張森文。二〇一四年一月三日台中高等行政法院更一審宣判，判決張藥房、朱樹、黃福記及柯成福四拆遷戶勝訴，其他駁回。二〇一四年一月二十八日內政部決定不上訴。

我播放一段苗栗大埔拆遷案的新聞《大埔案逆轉　徵收判違法需還地》[3]，這是二〇一四年一月三日的判決，在台中高等行政法院的判決書裡，認為政府強拆大埔犯了兩個錯誤：其一是未遵行正當法律程序，其二是並沒有公益性、必要性，且違反比例原則。從《大埔農地徵收案說明圖》[4]上來看，苗栗科學園區廠房閒置率高達百分之四十二，而大埔這四戶明顯未妨礙交通，結果因為苗栗縣政府「官方認定」的公共利益，死了兩條性命。

「房子拆了可以再建，」同學們從影片中回神，教室很安靜，大家都被渲染了一些哀傷的情緒，「但，人死了，誰賠得起？」

回到樂生療養院的案例，當初政府說不拆樂生，捷運無法通車，會耽誤到大新莊地區人民的權益。事實上捷運新莊線已於二〇一二年一月五日通車，甚至一路通到迴龍站。想來也好笑，**當初非拆樂生不可的捷運機廠到現在也沒有蓋啊！**

最後我以樂生青年聯盟的《樂生戰鬥手冊》做總結：「抗爭有用嗎？常常遇到朋友這樣問。但是讓我們想一想，悲劇的發生既然是日夜累積的過程，要改變悲劇的運

3.《民視新聞》，2014年1月3日，https://www.youtube.com/watch?v=_hVLXk1hnjU
4.http://nk496540034.pixnet.net/blog/post/51937417-%E5%A4%A7%E5%9F%94%E6%A1%88%EF%BC%8C%E6%95%B4%E7%90%86%E3%80%82

動怎麼可能在一夕之間就大功告成？北二高走山前夕，邊坡上方的土地必定也已經鬆垮、龜裂，如果當時就有人上去勘查、警告，甚至為之抗爭，幾位駕駛人的性命是不是就可以保全了呢？

所以，關於抗爭到底有沒有用，也許今天明天看不出有什麼用處，但總有一天我們會明白的，這些美好的風景，正是千千萬萬場看來無用的抗爭所換來的。[5]

很多事我們都忽略了，就算是狀況如此，也不代表應該如此。用羅爾斯的話語來說：**「所謂的正義與不正義，是體制處理這些事實的方式。」**

這時我明顯感受到學生表情的嚴肅，在這些十七歲孩子的臉上，那些嘻笑的表情慢慢收斂了起來，原本理所當然認為的觀點，在此刻好像不再是那麼絕對。看著學生的眼神，我心中想著，這堂「公共利益」的一課，似乎有那麼一點成功呀！

課後作業

◎這一課，值得你認識的公民團體ＮＧＯ：

青年樂生聯盟／台灣農村陣線／台灣人權促進會

一、毀塘滅農航空城[6]

(1)行政院目前為止僅核定了機場園區綱要計畫中的第三跑道（六百一十五公頃）和自貿港擴建區（一百三十公頃），僅七百四十五公頃土地核定通過，究竟為何最後會變成總計畫範圍四千七百九十一公頃，需要徵收三千七百零七公頃的土地，四萬六千名居民面臨迫遷？

(2)目前航空城規劃捨現成軍用跑道不用，反將該閒置軍用基地規劃作商場豪宅使用，以區段徵收方式辦理，大規模徵收民地。

(3)航空城計畫在第三跑道個案環評通過前，應立即停止徵收程序。政府應停止這個弊案重重、浮濫徵收的航空城計畫，就計畫全區召開行政聽證，開始真正的民眾參與

5. 青年樂生聯盟，《樂生戰鬥手冊》，http://happylosheng.blogspot.tw/2013/01/blog-post_30.html
6. http://www.tahr.org.tw/node/1501

程序，一同組成聽證籌備小組，重新檢視整個計畫的公益性與必要性。

二、公共電視《獨立特派員「無意上青天」》[7]

台灣要國際化，因此被期許作為國際化跳板的「桃園航空城」看來勢在必行，是史上最大區段徵收案，當然有人不願意，認為審議過程不透明，發生不少抗議甚至自殺事件。為什麼一個願景美好的計畫卻仍然有人不贊同？為什麼原本不在計畫範圍內的住戶，結果還是要被遷走？獨立特派員帶您實地聽聽居民的心聲，看一看土地的真相。

一、請各組同學蒐集並分析桃園航空城計畫之正反方意見，用課堂上所學的理論為基礎，在下堂課做一個簡單的報告。

二、除了航空城的爭議，想想看，台灣還有沒有哪些地方正面臨這種「公共利益」的拆遷議題，也請各組同學至少選擇一個案例，進行比較分析，並於課堂上報告。

後記

這些年來，「公共利益」這詞其實已經被濫用過度了，不管是中央或地方政客，在「開發主義」的思維底下，伴隨著炒地皮的龐大利益，在公益的大旗下，浮濫徵收、強拆迫遷，成了這些政商金權結構獲得金錢與選票最好的方式。

從北到南，我們發現台灣真的病了：淡水有淡海二期新市鎮迫遷、桃園有航空城迫遷、新竹有璞玉計畫、苗栗是大埔竹科基地、台南有鐵路東移案件。由於被犧牲者一定是少數被徵收戶，相較於多數不受影響的市民，以及深信科學園區、生技園區可以帶動地方發展的神話，政府做出來的民調往往是贊

7. 2014年8月20日，https://www.youtube.com/watch?v=nZGyg0aHHvc

成者佔多數。所以我們可以看到政府聯合著房產開發商不斷壓迫那些弱勢民眾，加以輿論的推波助瀾，少數願意挺身捍衛弱勢權益的社運團體，就被打為妨礙城市開發、只會上街頭抗議的「暴民」。

從學生的反應，我相信人性是可以啟發的。關鍵在於有沒有方式引導他們思考：唯有親身體驗，才知箇中辛酸。當然我不可能還原事件現場，但是我可以試著用當事人現身說法的新聞畫面來使同學感同身受。影像有它的感染力，適度運用畫面來說故事，透過同學們的討論思辨，再搭配課堂理論說明，也許是一個比較容易處理相關議題的方法。

多元性別

第二堂／他／她的性別愛欲，由他／她決定

「如果蘋果執行長是同志這件事，能幫助那些努力想尋找身分認同的人，或能勸慰覺得孤單的人，那麼，以我的隱私作交換是值得的。」

——庫克（Tim Cook）

摘要

1 課程

性別刻板印象／異性戀霸權／多元成家

2 新聞

伊莎貝爾「他他篇」廣告疑被抵制／反多元成家、「為下一代幸福讚出來」集會／護家盟要求同志遊行分級封街

3 搭配閱讀

《孽子》，白先勇著，允晨文化

《斷臂上的花朵：從囚徒到大法官，用一生開創全球憲法典範》，奧比・薩克思（Albie Sachs）著，陳毓奇，陳禮工譯，麥田

4 影片

《自由大道 Milk》／五月天，〈擁抱二〇一四〉MV／蔡依林，〈不一樣又怎樣〉MV

課堂

同學大家好，今天是這學期的第二堂公民課，我想跟各位談談「多元性別」，首先，我們來看這支廣告**《伊莎貝爾二〇一四廣告——他他篇（網路完整版）我們結婚吧》**[8]：

8. 2014年10月1日，https://www.youtube.com/watch?v=wSlXra0fJuU

一個再平凡不過的早晨。床上，頭髮花白的男子率先起來，輕聲喚醒枕邊人。他下樓，拿報紙、泡咖啡、做早餐、餵狗、打掃。鏡頭回到房間裡，另一個較年輕男子也從床上起身，當他洗完澡下樓時，年長男子已經備好早餐、替他準備好外出服。當年輕的他愜意地坐在椅子上吃早餐、看報紙，突然發現忙進忙出的伴侶割傷了手指。他細心為他包紮，接著，兩人一起坐下，享用早餐。一個再平凡不過的一天。

「請問，兩位在一起多久了？」旁白女聲穿破這支黑白影片中輕快的音樂，問道。兩人坐在餐桌上，面對鏡頭，年長的男子率先說：「二十九年。」年輕的伴侶看他一眼，又轉回鏡頭前，「到明年……」兩人幾乎是同時脫口而出。「五月十九，三十年了。」年輕的他堅定地說，而他的伴侶瞇著眼笑著。「請問，兩位還愛對方嗎？」旁白女聲又問道。「愛。」年輕的伴侶毫不猶豫。年長男子聽到他的回答，笑了起來。

離開家門前的深深一吻，字幕打上，**「願天下有情人終成眷屬」**。由一個早晨的生活細瑣堆積而成的甜蜜愛意，他們的愛情很堅定。

這部廣告在網路上引發網友瘋傳，原來是真人實事，而且兩位主角親自參與拍攝。

這對伴侶分別是七十一歲的阿祥和五十三歲的阿明。他們之所以願意站出來，是希望讓更多人知道，同志不是等於混亂的關係，同志也是有很穩定的伴侶關係存在，希望政府可以通過多元成家的法案，給予他們保障，他們是彼此最親密的伴侶。

「他他篇」廣告太受歡迎　復播疑被抵制[9]

不過該廣告疑遭反同婚團體抵制，不僅網上傳出教友動員致電伊莎貝爾的訊息，稱該廣告是錯誤婚姻觀念的置入性行銷，另據製作該廣告的前員工透露，伊莎貝爾欲復播該廣告，客服部門卻接到大量抗議電話，要求撤掉廣告。

對於反同婚團體動員的抗議行動，網友也發起「一人一信救他他」活動，在伊莎貝爾公司臉書粉絲團留言鼓勵，以正面態度表達對該廣告的支持。

「同學們，先不要管那些多元成家的法案為何，單單就你看完影片的感想，說說你自己的看法好嗎？」

「好感動喔！」小麗大聲地說，「原來同志伴侶跟一般情侶一樣，其實就是很平凡，他們可以一起生活三十年，真好。」

9.《中國時報》，2014年10月23日。

小華也舉手，「老師，他們好棒，不但相互扶持，還願意站出來為同志發聲。」

「真的！」坐在小麗身邊的姍姍，平時其實很少發言，「原來同性戀感情比一般人要好喔？我看我爸媽感情也沒那麼好啊，真羨慕他們呢。」

「現在是怎樣，世界變了嗎？」我笑著說，「什麼時候同志伴侶突然被大家羨慕起來了？還有沒有人有別的想法？」

小周舉起手，「老師，很抱歉，我還是不能接受同性婚姻，這很奇怪。」

「喔？怎麼說呢？」我示意他說下去。

「我先說我不是歧視同性戀喔，只是覺得同性戀沒辦法生小孩，台灣生育率都這麼低了，將來會更慘！」小周說。

小麗馬上插話：「他們自己不能生，可是可以收養小孩啊。」

「是可以，但收養小孩反而害了這個孩子，這個孩子不能在正常家庭中長大，會影響到他的將來！」小周說得振振有詞。

「什麼害了他！你憑什麼說同性戀家庭養的小孩會不正常？」這時，一向正義感十足的班長小華也跳出來說話。

「本來就是，一夫一妻制才是正常的家庭，這種穩定的家庭才能教育出健全人格的下一代！」小周回嗆班長。

眼看雙方開始辯出火藥味，其他同學也紛紛加入戰局，你一言我一語的。

「對啊對啊，同性戀結婚本來就很奇怪，何況還要養育下一代。」平常就很有主見的婷婷也表示看法。

「拜託，最好是異性戀家庭都很乖，那阿基師跟小三上摩鐵怎麼說？」小麗反駁。

班上一陣哄堂大笑。

「對啊，何況異性戀家庭的小孩學壞的也一大堆，不然怎麼會有鄭捷殺人事件？李宗瑞也是爸媽教出來的啊。」小華接著說。

「好好好，你們說的都有道理，那可不可以先暫停，讓老師先上一下課本內容？」我出聲制止，否則再吵下去就不可收拾了。同學們你看我、我看你，這才心不甘情不願地安靜下來。

在成長歷程中，我們會經由社會化的過程，逐漸將生理上的性別差異，轉化成社會中的不同規範與期待，於是我們理所當然地認為「男生應該這樣、女生應該這樣」，這種性別標準就稱之為「性別基模」（gender schema）。

「比如說，同學上洗手間的時候，如果沒有標示男、女，只有兩個人物圖案，一個

台灣同志遊行目前已是亞洲規模最大的同志遊行，每年皆有不同主題，吸引許多來自東亞各國與歐美人士前來參與。

Supreme
BAIS
to

是穿褲子的，另一個是穿裙子的，請問你們會怎麼判斷男女洗手間？」
「當然是去穿褲子那邊啊。」小周覺得我的問題很奇怪。
「為什麼？請問是誰規定男生一定要穿褲子？法律有規定嗎？」我問。
「好像沒有吧……」小周開始遲疑。
「那你為什麼不去穿裙子那邊？」
「這樣很怪啊！」小周說，旁邊男生開始嘻笑地罵他「色狼」，班上又笑成一團。

覺得男生穿裙子就是「很奇怪」的想法，其實就是我們所謂的「性別刻板印象」。原本「性別基模」的優點，是提供我們一個比較容易適應複雜社會生活的方式，但是若把此當成是唯一不可變動的標準，反而會使我們陷入僵化的性別刻板印象當中，甚而對他人產生傷害或歧視。

「比方說『娘娘腔』——一般意指行為動作較為女性化的男生，各位同學是否在求學過程中嘲笑過他們？或者覺得他們很怪？很噁心？」

一陣靜默。有幾位同學默默點點頭。

葉永鋕事件

我拿出《擁抱玫瑰少年》這本書。這裡，我想跟各位講一個少年的故事，他的名字叫「葉永鋕」，一個曾就讀於屏東縣高樹國中的國三男生。葉永鋕自小很「女性化」，很喜歡玩扮家家酒，讀國中時常被同學欺負，要脫他的褲子「驗明正身」。儘管葉同學曾向學校反應，但情況並未改善，以至於葉永鋕下課時間不敢自己去上廁所。二〇〇〇年的某一天，葉永鋕在下課前五分鐘時經老師同意後離開教室去上廁所，但直到下課都沒有返回教室。後來他在廁所被發現倒臥在血泊中，送醫後於隔日凌晨去世。法務部鑑定報告認為葉永鋕是「跌倒後後腦撞擊地面致顱內出血」死亡，並判定跌倒原因是自身疾病發作。但台大醫學院的報告則以葉永鋕生前沒有病徵，也沒有相關病史而排除「患病而致昏倒」的可能。

同學們，不要說是你們，其實連政府官員自己可能都曾歧視他人而不自知。因為這個不幸事件，使得當時正研擬中的《兩性平等教育法》，改名為《性別平等教育法》，這凸顯出社會並不是只有兩性而已，其實跨性別者的權益往往由於人數少而弱勢，其實更容易受到不當的侵害啊！多元的性別關係不應該只包括男性女性，事實上，就算是生理性別（sex）也不見得只有男性女性兩種，有些人出生就擁有雙性的生殖器官，雙性人也是生理性別的一種選項。

此外，即使生理性別是男，也不代表他的性別認同（gender identity）就應該是男。性別認同是個人自己內心認定自身為男或女，學理上稱生理性別與性別認同不一致者為「跨性別」。比如說葉永鋕，他的性別認同可能是女，然而卻因此遭受到同儕的歧視甚至是霸凌。

至於「同性戀」（homosexuality），其實是指「性傾向」，也就是戀愛的對象與自己相同性別，也有人是「雙性戀」。很多時候我們會用「LGBT」來代稱同志族群，其中「L」代表Lesbian女同性戀者，「G」代表Gay男同性戀者，「B」代表Bisexual雙性戀者，而「T」代表Transgender跨性別者，也就是常聽到的「第三性」或者「變性人」。

由於社會上絕大多數人都是異性戀者，因此如果性傾向是同性或雙性戀者，很容易被社會多數的異性戀者視為是病態或者不正常，因此需要被矯正或治療，有些國家甚至會用法律來處罰他們。這種歧視、霸道，甚至是迫害的作為，就是我們所稱的「異性戀霸權」（heterosexual hegemony）。

事實上，同性戀不是今天才有的，它是人類自古以來就有的現象。至於是什麼因素決定一個人的性傾向？究竟性傾向是天生的基因？還是後天的學習？是不可改變？還是可以選擇？醫學上到現在也還難有定論。

但有一件事是可以確定的：過去精神病學一直將同性戀列為精神疾病，直到一九九○年世界衛生組織（WHO）才正式將同性戀從精神病名冊中除名。WHO曾在二○一二年發表一份聲明，這也許可以代表國際社會的立場，還被汙名化的同志族群一個公道：「同性戀性傾向乃人類性向的其中一種正常類別，而且對當事人和其親近的人士都不會構成健康上的傷害，所以同性戀本身並不是一種疾病或不正常，並且無需要接受治療。改變個人性傾向的方法，不單沒有科學證據支持其效果，而且沒有醫學意義之餘，並會對身體及精神健康甚至生命形成嚴重的威脅，同時亦是對受影響人士的個人尊嚴和基本人權的一種侵犯。[10]」

接著，我播放一則新聞**《反「多元成家法」集會》**[11]，這是二○一三年十一月三十日，由「下一代幸福聯盟」、「台灣宗教團體愛護家庭大聯盟」（護家盟）在凱達格蘭大道所舉辦的「為下一代幸福讚出來」集會，訴求台灣應堅持「一男一女、一

10. 〈為一種不存在的疾病治療（"Cures" for an Illness That Does Not Exist）〉，http://zh.wikipedia.org/wiki/%E5%90%8C%E6%80%A7%E6%88%80#cite_note-39，參考文獻第11條。
11. 《民視新聞》，2013年11月30日，https://www.youtube.com/watch?v=7gWgIZWzjTE

夫一妻」的婚姻制度，反對多元成家法案。他們認為，以異性婚姻和婚生子女為基礎的「家庭」，是現在社會制度的基石，對國家社會具有關鍵重要性。遊行隊伍並呼喊口號：「健康社會靠家庭、認真打拚為子女」。不過也有少數「台灣伴侶權益推動聯盟」（伴侶盟）的支持者到場抗議，雙方並且對峙，引起一些零星衝突。

「同學們，護家盟這一方的立場是，他們尊重多元的性傾向，但是他們也希望不同性傾向的人亦應該尊重『家庭』及『婚姻』的歷史傳統，為國家及下一代的幸福來著想。因此護家盟主張，婚姻家庭制度不應由少數人推動修法而更改，少數國家實施同性婚姻或伴侶制度亦不應成為修法理由。這些制度的修改，必須社會有高度共識，而且還要全民公投。」

「老師，我們這一組覺得護家盟很有道理，我們不歧視同性戀，可是我們認為婚姻是一件神聖的事情，我們不能認同婚姻以外的性關係，這裡面包括婚前性行為、外遇，和同性戀婚姻，這是我們認同的價值，我們也希望得到其他人的尊重。」小周代表他們那一組發言。

「對啊，一夫一妻制畢竟是人類社會賴以維繫道德價值的根基，透過婚姻這種合法關係，建立家庭，進而延續生命。」剛剛看完新聞很感動的姍姍，經過小組討論後也做出了這樣的結論。

「而且我聽說，這種多元成家法案，會瓦解婚姻制度，它讓多P合法化、成為性解放天堂，而且還會傳染性病。」與姍姍同組的阿翰突然補充，「我還聽過這法案會讓性關係混亂，一夫可以多妻、兄弟姊妹可以亂倫結婚。」

此話一出，班上同學一陣譁然。

「是喔，多元成家會變這麼亂喔？」

「好像有點可怕欸！」大家開始陷入一種恐慌的情緒。

如同社會常見的反對聲浪，謠言真的可怕。我得適時進行機會教育：「我要特別澄清，依伴侶盟提案，多元成家法案其實有三階段：第一階段是『婚姻平權（含同性婚姻）』，要將民法第九七二條『婚約，應由男女當事人自行訂定』改成『婚約，應由雙方當事人自行訂定』，拿掉性別特定用語，並修訂收養規定，讓多元性別配偶有收養子女的權利。第二階段是『伴侶制度』，非婚姻關係締結成伴侶的雙方，法律地位大致與婚姻的配偶相當。第三階段是『家屬制度』，進一步放寬家庭的範圍，家庭不限於親屬，無血緣關係的友伴家庭、病友團體、靈修團體等，均可成家。」

「不過現在立委提案通過一讀的，只有『婚姻平權』這一階段，法案目前正交付司法及法制委員會審查。同性戀結婚如果在外面偷吃，還是要以通姦罪送辦喔。」

同學們又是一陣笑聲。

「所以根本沒有多P這種事，現在只討論到民法第九七二條要不要修。」我補充。

護家盟要求同志遊行分級封街[12]

為了反制同志團體一年一度的遊行，台灣宗教團體愛護家庭大聯盟（護家盟）發表聲明，「反對同志大遊行活動中，充斥公然猥褻，傳播色情，物化女性，違反社會善良風俗等不當行為，在沒有任何分級或阻隔的方式下，公然在街頭展演，影響兒童及青少年觀瞻。」護家盟要求，為保護孩童身心健康，避免未成年之青少年受到錯誤性別價值扭曲，市府及警政單位應比照電影分級制度，進行「遊行分級」。

「好啦，我們再來看看另一則新聞，這是二〇一四年十月二十五日的同志大遊行，聽說這是舉辦十二年來參與人數最多的一次，估計約有八萬人走上街頭，同學我們等一下可以仔細看看，是不是該分級一下？」

我播放了新聞**《擁抱性別　認同差異　同志大遊行登場》**[13]，整場同志遊行就像嘉年華般，參與者都精心打扮、人人笑容滿面，當然也有穿泳褲的水男孩畫面，他們訴求「擁抱性別、認同差異」，希望社會大眾能支持同志多元成家等基本人權。

「穿泳褲有什麼好分級的啊？」

「這就跟去資訊展看Show Girl一樣啊！」

「根本不用去資訊展，連蔡依林都穿得比他們少！」

「對啊，我也算未成年，我看完也不覺得有影響到什麼啊！」

「護家盟的媽媽想太多了吧？」一群男同學你一言我一語說著。

「小周，你覺得呢？要分級嗎？」我發現小周從課堂的中間開始變得沉默，不太像他平常的個性，或許有一些東西在他腦袋裡翻轉著。

「嗯……我覺得不用吧。」他回答。

「根據同志團體的說法，就是因為護家盟他們的打壓，才使得這次遊行的人數創下史上最高，也許護家盟下次要換個方法，免得又得到反效果。」

同學們紛紛點頭。

12. 《新頭殼》，2014年10月24日。
13. 《公視晚間新聞》，2014. 10. 25，https://www.youtube.com/watch?v=bue3MZ1jH5o

再跟各位講一個小故事，老師有個朋友小慧姐，她支持同性婚姻合法化，有一天跟反對同性戀婚姻的朋友S聊天：

小慧姐：「我每次看到Gay牽手接吻就很不舒服。」
S很高興地說：「對啊對啊，妳不覺得他們這樣很噁心嗎？」
小慧姐：「是啊，但他們結婚，『干我屁事』！」

各位同學，同志結婚這個議題，不可能在一堂課內取得共識，事實上也不需要取得共識，很多價值本來就是多元並存，只要記得在與他方溝通時，保持理性，展現尊重言論自由的基本風度：**「我不同意你的說法，但我誓死捍衛你說話的權利。」**

最後我想引用南非著名的人權大法官奧比．薩克思（Albie Sachs）在《芙莉案——同性戀婚姻合法化》的判決書，作為今天的總結：「平等的意義在於即使有差異，但彼此之間仍有平等的關懷和尊重。終極的平等則是人人可以享受到人與人之間的差異為這個社會帶來的活力。

既然婚姻及其相關的社會關係在我們的文化中具有相當的重要性，否定同性戀婚姻，等於以一種最徹底的方式否定他／她們定義、展現自我的權利。這種古老的偏見沒有理由繼續存在。奴隸制度和殖民主義現在被完全摒棄。正是那些不能得到大多數人認同，或是無法在國會獲得足夠代表的族群，必須由憲法人權憲章來確認、保障他們的基本人權。」

課後作業

◎這一課，值得你認識的公民團體NGO：

台灣同志諮詢熱線／台灣伴侶權益推動聯盟／台灣性別不明關懷協會

內政部二〇〇八年十一月三日以一紙行政命令，要求變性者除了須精神鑑定性別認同外，還須摘除性器官才能變更性別登記，亦即身分證上的性別由男變女，要動手術摘除陰莖及睪丸；女變男則要切除乳房、子宮及卵巢。

總統府人權諮詢委員會認為，這樣的規定非常不人道，明顯違反聯合國人權兩公約。

且據統計，做變性手術者平均壽命減少十多歲，加上法務部也認為，以行政命令規定摘除性器官的法令位階太低，建議應提高到法律層級規範，和先進國家一樣，免除強制手術即可變性，以符合人道立場。

在「台灣性別不明關懷協會」與「施明德文化基金會」等公民團體力爭下，內政部及衛福部已委託學者進行跨國研究比較，決定廢除性別登記的行政命令，朝不用摘除性器官即可變更性別的立法方向努力，近期將訂出草案送交行政院，**傾向無婚姻或子女者，性別認同與生理性別不同達三年以上，由精神科醫師鑑定通過，免除動刀摘除性器官即可變性。**[14]

一、請各組同學上網蒐集資料或拜訪相關團體，比較各國處理跨性別者的法令與政策，並於課堂上報告。

二、「台灣宗教團體愛護家庭大聯盟」與「中華孔孟協會」認為，變更性別要件若僅憑特定人主觀認知、毋須摘除性器官或其他足以區別男性女性的措施，恐會影響社會秩序及倫理價值。就你們小組討論後，你是否支持「免摘除性器官即可變更性別」？支持／不支持的理由為何？請說明之。

後記

隨著時代風氣轉變，人權意識提高，同性戀早已不是禁忌，同志們不僅不再像《孽子》書中所描述的躲躲藏藏、讓家族蒙羞，如今甚至流行「出櫃」，國外有蘋果公司執行長庫克公開性向，國內則有凱渥模特兒老闆洪偉明與相戀三十年伴侶舉辦同志婚姻，眾多名人不畏外界流言蜚語，用自己的行動捍衛自己的價值，也鼓勵其他同志勇於追求自己的夢想。

我雖然不是同志，但我年年參與同志遊行。回想十幾年前剛開始參加同志遊行時，活動通知只能透過當時的ＢＢＳ網路系統匿名公告，當時參與者不但人少，而且遮遮掩掩，深怕曝光，尤其最怕自己家人、朋友知道。十幾年後的

14. 《壹週刊》，NO.714，2015年01月28日。

今天，一樣的同志遊行，人數卻是創下新高，更號稱是亞洲最大規模。參與者更是精心打扮、坦坦蕩蕩，這樣的轉變，其實真的要歸功於教育。近十年的性別教育，的確部分改變了性別刻板印象與性別歧視，當年葉永鋕的不幸事件可以說是一個轉捩點，它重重打醒了教育界保守的偏見，也啟動了性別教育的開始。

如今，同志運動邁入下一個階段——婚姻平權、多元成家。就跟當年啟動性別平等教育一樣，一定也會面臨到重重阻礙，畢竟我們是個多元意見的社會，尤其當改變正要開始時，相關的阻力更會一波接著一波接踵而來。但是，同志人權是普世價值，它站在真理的這一方，這股力量沛然莫之能禦。就像同志們所言：「我們要的不是特權，是平權！」每個人都有追求幸福的權利，但是，沒有、也不應該有阻止別人幸福的權力！

多元文化

第三堂／

文化，只有差異，沒有高下

「他們無法表述自己；他們必須被別人再現或詮釋。」

——馬克思（Karl Marx）

摘要

1 課程

文化位階／我族中心主義／多元文化主義

2 新聞

台北車站設封鎖線　外勞怒吼／三萬外勞佔北車　檢直言憂「出亂子」／慶回教[註]開齋節　萬人擠爆台北車站

3 搭配閱讀

《我們：移動與勞動的生命記事》，顧玉玲，印刻
《逃：我們的寶島，他們的牢》，逃跑外勞著，《四方報》編譯，時報

4 影片

《可愛的陌生人 Lovely Strangers》／《失婚記 Out／Marriage》

課堂

今天是這個學期第三堂公民課，我們要來談談「多元文化」，首先我想請問同學幾個問題：

各位同學應該都有去過火車站的經驗吧，你們有沒有在那兒見過一群外籍勞工聊天聚會？各位也有買過小吃或便當吧，有遇過外籍人士幫你們盛菜嗎？還有，你們是否曾在下午或傍晚時刻，在公園看見外籍看護幫老爺爺老奶奶推著輪椅散步？

註：此為新聞標題，但「回教」實已正名為「伊斯蘭教」，除中國區域仍使用回教二字，國際上並無此稱呼。後文中的「回教徒」一詞亦同，應以「穆斯林」稱之，但在此保留原新聞用語。

「有ㄟ有ㄟ，每次去台北車站時都會看到很多外勞，尤其是假日經過時最多。」班長小華首先發言。

「有啊，我們在捷運地下街練舞時，常常看到外勞坐在旁邊吃東西。」在熱舞社擔任副社長的芊芊說著。

「老師我們家旁邊的小吃店就是雇用一個越南新娘啊，每次都是她在幫忙收錢，她好有禮貌，都會跟客人打招呼。」小麗舉著手，似乎還想再講下去的樣子。

「老師我也有看過，我假日去公園打球時，都會看到很多外勞幫老人推輪椅呢！」看著大家踴躍發言，阿翰也分享自身經驗。

「看來很多同學都有接觸外籍人士的經驗呢。」我接著問，「那你們知不知道，在台灣有多少這樣的外籍人士呢？」

同學們搖搖頭。

「不知道ㄟ，十萬人吧。」小華隨口說個數字。

「有十萬這麼多喔？」旁邊吱吱喳喳起來。

我搖搖頭。「各位同學，看來你們都太小看外籍人士的數量了，根據勞動部二〇一五年的統計，全台外勞人數達五十五點六萬人，其中產業外勞三十三點六萬人，社福外勞（擔任看護或幫傭）二十二萬人，社福外勞裡印尼籍佔了八成。而內政部入出國及移民署的資料顯示，全台灣的外籍配偶人數將近五十萬人，其中大陸港澳籍配偶三十三萬多人，而其他國籍共佔十六萬人，這裡面又以越南籍九萬人為最大宗。」

「簡單的說，就是台灣現在有一百萬的外勞及外配啦！」

「哇！這麼多！」大家露出一副不敢置信的樣子。

「你才知道，現在讓你們看個新聞，看看台灣人是怎麼對待外籍人士的。」

《台北車站設封鎖線　外勞怒吼》[15]

台北車站每到週末都會看到不少外籍勞工聚集，為了改善秩序，台鐵決議每個週末一樓大廳，都會拉起紅絨繩區隔動線，但這樣的動作，被外籍勞工批評種族歧視，國際勞團組織號召外籍勞工到車站大廳抗議。

電視新聞裡，外勞抗議被歧視，他們高喊：「**如果有沙發、誰要坐地板！**」台鐵方面澄清他們是為了「清爽又美觀」，也有路過民眾嗆聲：「**外勞要玩可以去河濱公**

15. 《民視新聞》，2012年9月16日，https://www.youtube.com/watch?v=9FYGCtkjw0A

園玩，火車站是交通運輸中心不能玩。」

「如何？同學你們怎麼看？這個每週末拉紅絨的動作是歧視嗎？還是真如台鐵所言，純粹為了美觀？」

「這明明就是歧視啊！太明顯了。」小麗對不公平的事情一向反應很大。

「對啊，而且剛好在印尼開齋節以後才要拉紅絨，哪有那麼巧！」芊芊也附和著。

「台鐵真的很瞎ㄟ。」小華直嗆。

「喂，不可以人身攻擊啦。有沒有誰是不同意見的呢？」

「老師，我覺得台鐵方面講得有道理啊，假日車站旅客本來就多，用紅絨拉出動線，的確可以便利遊客呀。」姍姍提出不一樣的看法。

「那個民眾說得也沒錯，幹嘛一定要在火車站聚集啦，明明河濱公園就很空曠。」小周有點不耐煩。

看著同學你一言我一語，公說公有理，婆說婆也有理，這場子有點尷尬，我想我得再播另一則新聞來價值澄清。

《三萬外勞佔北車　檢直言憂「出亂子」》[16]

為了慶祝回教開齋節，週日有三萬多名印尼籍勞工，齊聚台北車站。去年同樣時間，台北車站拉起紅絨管制外勞進入，挨轟種族歧視，因為怕再挨罵，今年採取開放式。但是台南有一位檢察官，在臉書上PO照片並寫著：「**台北車站已被外勞攻陷，吃飯、睡覺、野餐，擠滿車站，政府再不處理，不僅有礙觀瞻，也會出亂子。**」此言引發網友熱議，有人贊成，但也有人質疑歧視外勞。

「如何？你們同意檢察官的說法嗎？還是有別的看法？」

「在回應之前，老師想提醒你們一件事：如果今天聚在車站裡的都是金髮碧眼的美國白人，女生像維多利亞祕密的名模，男生像Ａ＆Ｆ裡面的帥哥店員，一群外國人在那邊野餐、或躺或臥，請問你們會覺得有礙觀瞻嗎？還是覺得賞心悅目？你們會避之唯恐不及？還是想走過去跟這些老外當朋友？」

同學們一陣默然。

我繼續講：「你們真的以為這些印尼人士想擠在這裡過新年嗎？各位都有過新年的經驗，你們哪位會去台北車站大廳過新年？八月天正熱的時候，台灣有哪個空間可

16. 《年代新聞》，2013年8月11日，https://www.youtube.com/watch?v=WkfZ1dSLD5Y

以讓這麼多外籍勞工聚會？公園？你要他們在烈日下曬一整天？小巨蛋？請問冷氣費誰出得起？交通呢？他們沒錢沒車，請問要怎麼去遙遠的河濱公園？」

「這些外籍勞工遠渡重洋來到台灣，女性擔任家庭看護，為你我的阿公阿嬤把屎把尿，男性從事台灣人都不想做的三K產業，即『骯髒、危險、辛苦』行業。然後今天他們難得一整年一天在台灣過新年，卻被你們這些讀過書很會考試的高級知識分子嫌有礙觀瞻？還會出亂子？」我平常上課不太有個人主觀意見的，這次我大概是被激到了，表達情緒有點過度。

看到我突然憤慨起來，同學們好像比較了解問題所在了，剛剛還覺得外勞為何不去公園的同學，有點慚愧地低了頭。

我開始上課。

「文化位階」（cultural hierarchy），通常建立在二元對立的認知結構上，是指對於各種社會團體或現象，給予高／低、進步／落後、優雅／粗俗的不同評價，以建立起事物的位階。比如說：講英國腔的英語比講菲律賓腔的英語更高級、聽古典音樂比聽台語歌曲高級、吃米其林餐廳比吃路邊攤高級等。

社會學家認為文化位階是團體競爭的結果，一個團體的發展需要有他者的存在，他者可以加強團體的凝聚力，在他我對比間能加強團體成員的自尊與滿足。比如強調「我們」的作法比「他們」好。因此，我們可以發現文化位階其實是人為決定的，社會上地位較高、掌握較多權力和資源者往往擁有決定文化位階的權力，他們將自己的生活方式與生活品味界定為主流文化，且擁有較高的文化位階，於是形成了一種人為的不平等。

問題在於，擁有較多資源與較高權力者，往往會以本身的價值觀去評斷其他族群的文化，這樣就形成了「文化歧視」，並且給予不公平的對待。

回到外勞的例子，「外勞」，全名為外籍勞工，英文叫Foreign Workers，除了我們前面講過的東南亞籍外勞以外，歐美國家派駐在台的外商人士其實也是外勞。可是，信義區那些高階白領的外籍人士，每天穿著西裝提著名牌公事包，開著高級轎車，晚上到夜店小酌兩杯，住的是高級電梯大廈，這種外勞你會嫌他、遠離他嗎？

福利麵
HI-MART

台北車站是東南亞各國移工假日休憩時的最佳聚會場所，但台鐵以改善秩序為由，每個週末在一樓大廳以紅絨區隔動線，二〇一二年九月，遭國際勞團組織抗議種族歧視。

平平都是外勞，怎麼會差怎麼多？從這裡就可以看得出來，金錢與地位對文化位階的建構有多深。

再講個故事給各位聽，老師有個朋友Ivan是英文老師，從小在美國學校長大，母語其實是英文。有一天我跟他去lounge bar喝兩杯，我們都用台語聊天，隔壁桌的女生根本看都不看我們一眼。結果有個老外跟那桌女生搭訕，她們英文不好聊不下去，Ivan馬上過去用流利英文跟老外哈啦起來，女生們馬上眼睛一亮，最後老外離開，Ivan也要到女生的電話了。

「同學們，你們不覺得很扯嗎？同一個人，講台語被看衰，一講英文馬上文化位階升格。這到底是什麼世界啊？」

同學們哈哈大笑。

「老師，台客本來就是很俗啊。」

「下次叫你朋友不要講台語啦，都講英文不就好了。」

「記得提醒你朋友去夜店穿西裝會更帥喔！」

看到同學們這種反應，我實在不知道該生氣還是無奈呀！

「不過各位同學，其實『外勞』這兩個字本身也有歧視意味喔！相較於『外勞』用詞，公民團體比較偏好使用『移工』，『移工』全名為移民勞工，英文叫Migrant Workers，是指移動到其他國家工作的人。『移工』與『外勞』兩者的差別在於外勞一詞是從勞力輸入國的角度來檢視，背後有你／我的分際，卻忽視了勞動者『移動』、想讓生活變美好的意涵。」

「所以呀，接下來我們就不用『外勞』、改用『移工』這詞好嗎？大家都是在台灣生活打拚的人，何必把你／我分得這麼二元對立，你們說是嗎？」

班上同學這次不但點頭，小華、小麗甚至鼓掌表示歡迎呢！

看著同學開始慢慢理解文化歧視，緊扣著這個概念，我又丟出一個問題給學生思考：「同學們，你們有聽過『逃跑外勞』嗎？根據移民署二〇一四年統計資料，行蹤不明的移工在台人數已超過四萬人。當外籍移工甘願付出高額仲介費來台工作，相信每位移工都希望能如期完成工作，平安返回家鄉。想想看？那為什麼有這麼多外籍移工寧可放棄合法身分，冒著面臨高額罰款的代價逃跑？」

「嗯，不知道ㄟ，可能是因為逃跑可以賺更多的錢吧。」小周直覺反應。

姍姍也覺得理所當然：「對啊，一定是為了多賺錢吧，不然幹嘛要逃？」

「會不會是被雇主欺負？可是有超過四萬人逃跑也太多了，不可能有這麼多壞心雇主啊。」小美一向心地善良，她總是相信人性本善。

我們來看一個真實的案例，這是一位越南籍移工在《四方報》的投書：我們為何要逃跑？來台灣時要繳給仲介公司二十二萬台幣，還不包括教育訓練費。當台灣替工人調高基本工資時，我們的生活費也跟著調高，所以薪水等於沒有變多，除此之外，越南的仲介公司也會跟著大調手續費。我們每個月領四千六百元新台幣，照這樣領下去，兩年合約期滿後的收入加起來，也不到給仲介公司那筆錢。

接著，螢幕播放著從越南嫁來台灣多年的阮金紅女士所拍攝的紀錄片《可愛陌生人》[17]，雖然只是短短預告片，但透過導演的鏡頭，我們看到了這些「非法移工」們的身影，穿梭在平地農村、高山菜田辛勤的工作，為什麼他們要離鄉背井，冒著隨時可能被抓、被遣返的風險，也要來台工作？

「想說有機會來台灣可以多賺點錢，賺了錢就可以改善家境。」一個再簡單不過的原因，卻是支撐他們走下去的動力。影片裡一位男性移工透過網路與妻子以及剛出生的小孩間的互動，那眼神所流露出滿足的笑容，就是最佳的證明。他選擇失去與家人團聚的時光，是為了讓家人過著更安穩的生活。

看著自己的同伴被警察抓到並遣返回去，阮金紅便會自責：「帶他來台灣是不是一個錯誤的決定？」這是一個沒有正解的問題，導演希望大眾能過透過她所拍攝的紀錄片，讓我們對這些逃逸外勞有更多的認識，也許並不像社會大眾所說的「逍遙法外的重大罪犯」或是「貪圖逸樂的遊手好閒之輩」，而是一群你我無緣認識的可愛陌生人，同時也是讓台灣經濟發展的無名英雄。

「小周，感想如何？他們像是壞人嗎？像是好吃懶做的樣子嗎？」

小周用力搖搖頭。

「各位同學，其實『逃跑外勞』這個詞，本身就有很大的問題，我們會用逃兵、逃犯來指涉逃跑的軍人、犯人。但是如果今天你身為一名勞工，你不想幹了，你會用辭職還是逃跑來離開你的工作？」

「當然是辭職啊。」小周大聲地講。

「那為什麼外籍移工要離職，卻要用逃的？你們不覺得這就像當年的美國黑奴制度或納粹集中營嗎？這些移工就像是奴隸，根本不被當人看，從人權觀點來看，人不是商品，人有自由意志，人可以有選擇生活方式的自由，不是嗎？」

17. https://www.youtube.com/watch?v=kpSBUAuNKck

同學們紛紛點頭。

「那你們知道台灣的雇主是怎麼看待這些外籍移工的嗎？」

我拿出一本《凝視驛鄉VOYAGE 15840——移工攝影集》，這是外籍移工所拍的攝影集，我指著其中一張照片：**照片上面顯示一扇門，一扇傭人房的門，門鎖上插了一把鑰匙，那把鑰匙是一直插在那裡的，拍攝的移工並沒有拿走鑰匙的權利。**

作家褚士瑩曾寫道，他在申請外傭時，發現仲介公司送來的每位外傭履歷表底下都有一行小字：「願意週末不放假，兩年不拿手機。」他上網查了一些相關規定，看到有雇主這樣寫：「外勞本來就是不人道的工作，不能認同就不要請，不然只是像我一樣養了一個會帶壞人家外勞的外勞。還有，工作標準要比我們能做的再高一點，不用將心比心，因為她們自然會有摸魚的辦法。手機的部分我覺得是犯罪的根源，不管你是開放或不開放，或是限時開放，最後她們都會有一支貼身的第二生命——手機，然後就是無止境的作怪。」[18]

這時，姍姍講話了：「老師，可是我們家以前請的外傭，真的偷我阿嬤的錢，而且聽說我們鄰居家的外傭也偷過錢。」

很好的提問，讓我可以順勢機會教育：「姍姍說得沒錯，偷錢的確不對，不過我們國家有刑法會制裁這個外傭，是吧？」

姍姍點頭。

「那我問你們一個問題：因為騎車可能會出車禍，所以你不騎車？因為走路可能會被車撞，所以你不走路？」我咄咄逼人般地追問，「所以，因為一兩個外傭偷錢，你就認為所有外傭都會偷錢嗎？」姍姍低頭不語，班上一陣靜默。

由於我們一出生就是在自己特定的文化中生活，使用特定的思考、語言和行為模式，而且會不知不覺地以自己所熟悉的文化模式作為衡量其他文化的標準，甚而將其他文化貶抑為次等，形成「我族中心主義」（ethnocentrism）思想。例如，在台灣的外籍配偶往往被視為次等公民，「大陸新娘」、「越南新娘」這種用詞本身就有一種區分我者／他者的歧視意味。

相反地，「多元文化主義」（multiculturalism）則是主張尊重文化差異、平等的對待各個族群文化。刺激此一思潮的一項重要背景是一九六〇年代美國的黑人民權運動，儘管一七七六年的《獨立宣言》明文規定「人人生而平等，造物者賦予他們若干不可

18. 《逃》，推薦序。

剝奪的權利，其中包括生命權、自由權和追求幸福的權利」，然而黑人的地位從未和白人一樣。於是黑人開始反抗，進而引發各種不同文化群體開始爭取自身的權利，並使多元文化主義逐漸形成各民主國家的重要價值。一個尊重多元文化的現代民主社會，不僅要落實平等對待，更要採取積極的作法，讓社會各族群能保有並發展其文化的權利。

我在想，大人們對外傭的冷酷與歧視，卻要由這群孩子在課堂上概括承受，當老師的我，是不是有點過度強調了？**不過，換個角度想，就是因為這些大人沒有受過教育——更精確地說，是沒有受過正確的教育，才會產生這些偏差行為而不自知。**因此，我們擔任教育人員的職責，正是要給學生正確的文化認知，從下一代教育著手，進而改變上一代錯誤的觀念。

《慶回教開齋節　萬人擠爆台北車站》[19]

今天是回教年度盛事開齋節，台北車站湧進四萬回教徒擠爆台北車站大廳。台北車站今年隔出購票、進出口動線，並動員車站主管、志工、鐵路警察等五十名支援人力引導。台鐵與微風廣場並邀請回教團體演出傳統舞蹈與歌曲，讓離鄉背井的移工感受到台灣人的熱情與溫暖。

場景同樣是台鐵，同樣是印尼開齋節，二〇一四年這次卻截然不同，畫面裡我們可以看到外籍移工個個笑臉迎人、沉浸在過新年的喜悅當中。

「各位同學，這次你們怎麼看？」

「好棒喔，我覺得台鐵總算做對一件事了。」小麗很高興地說。

「雖然台鐵工作人員今天會比較忙，但我相信他們的努力，絕對會給這些移工們帶來最溫暖的感受！」芊芊微笑著。

「是啊，說真的，人家辛苦了一整年，我們給人家一點方便根本就還好，下次我要去報名擔任清潔志工，辛苦一天不算什麼！」小周平常雖然意見多，但真的要支持，他可是行動派的。

「我也要！」「我也要！」「還有我啦，我也要！」

孩子們紛紛舉手表達他們願意幫忙的心意。

19. 《TVBS新聞》，2014年8月3日，https://www.youtube.com/watch?v=LVt_wc6uqrI

看著這些勇敢舉起的一雙雙手臂，我想起了《四方報》的一句話：「**他們有話要說，而我們要做的，只是耐心理解。**」

其實，哪裡有分我們／他們，只要耐心理解，你我都是在台灣這艘船上打拚的一家人呀！

課後作業

◎這一課，值得你認識的公民團體NGO：

台灣國際勞工協會／南洋台灣姊妹會

一、**《失婚記** Out／Marriage**》**[20]

導演：阮金紅，本身也是嫁來台灣的越南移民，經歷一段不幸福的跨國婚姻後，獨自撫養小孩，後來再婚，並開始拍攝紀錄片。

影片簡介：《失婚記》是一部談五位新移民婚姻的紀錄片，阮金紅是導演，也是主角之一。五位主角金紅、玉蘭、金玲、阿詩、美麗，都曾懷抱著夢想來到台灣，卻走上自願或非自願失婚的道路。失婚之後，她們該如何選擇人生的下一步？她們的子女在父母的跨國婚姻決裂之後，又將面臨哪些生活及教育問題？

透過《失婚記》敘述一段段故事，阮金紅希望讓觀眾更了解新移民，明白無論新移民來自哪裡，大家都應該互相包容。就像導演在影片裡說的：「我們是從國外嫁來的，好像是賣來的，不容易得到大家的信任」，「如果台灣的小孩去外地工作，被歧視的話，我相信父母也是很心疼。」希望能夠將心比心，不管來自何方，都是自己的家人，應該互相關心包容與體諒。

二、「我每天洗澡，為何他們還嫌髒？」[21]

就讀國一的張耀庭，爸爸是台灣人，「媽媽是台灣南方的菲律賓人」。從小到大在團體生活，混血兒也遭到歧視。「甚至在分組時也會有人完完全全的不想跟我同一組，

20. https://www.youtube.com/watch?v=FQ-HAZpU_4U
21. 《中時電子報》，2006年11月8日。

只因為我是混血兒，也有人認為菲律賓人都是一些骯髒的人，有著體臭，可是我跟每一個人一樣，每天洗澡時都有洗乾淨啊……」

一、據統計，台灣婚姻移民近五十萬人，近十年生育子女已超過二十萬人，然而，如上所述，我們可以看到新移民及其子女在台面臨許多歧視與壓迫。請各組同學分析各種歧視的原因，並思考是否有解決之道？於下次課堂上報告。

二、實地拜訪關心新移民權益的公民團體，了解新移民（包括國際移工與婚姻移民）的困境，並以你親身接觸經驗，寫一篇專題報導。

後記

每次我們要跟外國人介紹台灣時，最喜歡講的一句話就是「台灣最美的風景是人」。台灣沒有波瀾壯闊山水、也沒有千年文化遺產，從來就是靠那濃濃而親切的人情味來打造這個美麗的福爾摩沙。但是，請我們捫心自問：我們真的有肯定過、尊重過來自各國的外籍勞工與外籍配偶？真的有把他們當自己國民來看嗎？還是我們只會肯定歐美日本南韓的外籍人士呢？

《蘋果日報》一篇〈阿富汗人看台灣　封閉狹隘〉赤裸裸點出了台灣人的另一面：一位阿富汗籍的台灣女婿敘述他只是坐在公園就遭到側目，甚至還引來警察臨檢。每次他問路，大家都很害怕，「好像我會吃了他們」。就如同我在課堂上所舉案例：即使是貴為國家高級知識分子的檢察官，也會認為一群印尼人聚在一起就「會出亂子」。

教育基本法第二條指出：「教育之目的在促進人民對基本人權之尊重，及對不同、族群、文化之瞭解與關懷。」**如果我們受教育的結果只是養出一批會讀書會考試會賺錢的菁英階層，或者是嘴巴上老愛掛著有愛心同理心的偽善知識分子，那麼這真正是教育的絕對失敗。**衷心希望有一天，外籍幫傭可以擁有拔下他們房門上鑰匙的權利，喔，對了，還有他們在假日時可以不用帶著雇主的小孩出門，「因為如果不這樣做，她就沒辦法出門。」**別忘了，她只有領你所給的法定最低基本工資，那卻是她在台灣可以領到的最高工資。**

勞動權益

第四堂／當勞動環境崩壞，痛苦指數日增

「平行地剝削勞動力，是資本的首要的人權。」

——馬克思（Karl Marx）

摘要

1 課程

市場性勞動／勞動權／平等原則

2 新聞

全國關廠工人抗爭事件／日日春守護文萌樓／國道收費員自救會抗爭

3 搭配閱讀

《搞工會：工會正義與不當勞動行為裁決機制》，張烽益等合著，台灣勞工陣線協會

課堂

「各位同學，今天是這個學期第四堂公民課，我們要來談談『勞動權益』。顧名思義，你們大概可以猜到『勞動權益』就是指保障勞工的權益。勞工或勞動是一個我們很常聽到的名詞，我想請問各位的是，那誰是『勞工』呢？」

「老師我知道，就是『福氣啦』廣告裡面那個，流很多汗的工人。」

「『勞工』應該就是指工人吧，比方說建築工人、裝潢工人那種。」

「那我家樓下的警衛算嗎？還有清潔阿姨應該也算吧？」

「你們剛剛說得都對，可是怎麼好像都是流汗的呢？想想看有不流汗的勞工嗎？」

小周馬上舉手回答：「公車司機每天都有冷氣吹，他們是不流汗的勞工。」

旁邊的同學哈哈大笑。

「好啦你說得也對，給你拍拍手。不過各位同學，剛剛大家在討論勞工的定義時，似乎都侷限在『勞力』的勞工，這種一般我們俗稱『藍領』，意指工作服的顏色；但是，其實還有另一種『勞心』的勞工，俗稱『白領』，是指穿襯衫坐辦公室的。不論哪一種，只要有獲得報酬，都可以稱之為『市場性勞動』。」

「那你們知道台灣有多少勞工嗎？我這裡指的是受雇的身分，也就是有領老闆薪水的這種。」

我搖搖頭。

「不知道ㄟ，應該很多吧，一百萬？」小周難得好精神，今天很認真聽課。

「兩百萬？」小周接著問。

我邊搖頭邊講：「看來你們都太小看勞工的力量了！根據勞動部的統計，我國工業及服務業受雇員工人數可是高達七百三十二萬人[22]呢！」

「哇！這麼說來全台灣每三個人就有一個勞工啊！」阿南很快算出數字。

「是的，所以將來各位同學都會加入勞工的行列，今天只是先幫你們預習一下。台灣勞工有很多坎坷血淚史，在這裡我想給各位看一則二〇一三年農曆過年前，一群關廠工人臥軌的新聞**《關廠勞工臥軌抗爭　警逮捕八人》**[23]。」

關廠工人抗爭事件

一九九六年，聯福製衣、福昌紡織等工廠相繼面臨資方惡性關廠，積欠龐大退休金與資遣費，工人一一組成自救會展開抗爭。當年勞委會為平息糾紛，推出「關廠失業勞工促進就業貸款」，以貸款形式變通發給等同「代位求償」的金額，也就是先把欠款代位還給工人，再由政府向資方追討。工人表示，當年勞委會私下都承諾不會向勞工追討，形成了這筆歷史陳年舊帳。從二〇一二年開始，勞委會發函對工人催繳「貸款欠款」，二〇一三年更在就業安定基金預算中編列兩千零五十六萬律師費作為訴訟費用。

電視新聞裡，可以看到關廠失業勞工因為不滿勞委會的紓困案，前往台北車站臥軌抗議，現場險象環生，有八名抗議勞工遭到逮捕。台鐵表示，總計影響上萬名旅客的行程。當然，看到更多的是，急著返家的旅客對著關廠工人破口大罵的畫面。

「簡單說，就是有八名勞工不顧自身安危臥軌，影響了上萬名旅客的權益。根據『全國關廠工人連線』的說法，他們臥軌是為了凸顯政府對勞工權益的漠視，無意傷害社會大眾。好，假設你們是趕著回家的旅客，你們會怎麼看這件事？」

22. 2014年8月資料。
23. 《民視新聞》，2013年2月5日，https://www.youtube.com/watch?v=6Qzc3CdOA7g

二〇一三年二月五日，全國關廠工人連線在台北車站臥軌抗議。事隔一年，全關連重返台北車站，以行動劇重現一年前的臥軌現場，要求政府重視關廠勞工權益的訴求。

新
舊制有問題
政府要面對
怨
悲
2013.02.05

「選在農曆年前做這麼激烈的舉動，我想他們一定是走投無路了，我當然不會生氣。」班長小華的正義感又展現了。

「在火車站抗議我可以接受，可是也可以不要跳下去啊，那真的太危險了。」小麗心疼地說。

小周也同意小麗的想法，「而且大家趕著回家，何必用臥軌引來民眾的咆哮。」

「老師，我們都能理解抗議一定是有委屈，可是這樣影響其他無辜大眾的權益，我覺得他們只會引來更多的反彈。」芊芊向來同情弱勢，總是希望社會能多點關心。

看來同學們大致上都同情臥軌，他們在意的是擔心惹來更多旅客抱怨，最後反而會傷害到關廠工人，我心裡面是高興的。這群孩子經過這幾次公民課的思辨討論，大致都有了社會關懷的同理心，今天在討論的竟然是如何保護關廠工人，這表示教育啟發是有成效的呢。

「就如同剛才小華所說的，他們就是走投無路才會臥軌，而且這裡面還涉及到被當時政府欺騙的委屈。我來給各位看個影片，一個家族有三十一人列入被告，最小的只有國小，這裡面究竟發生了什麼事？」

公共電視《獨立特派員「無上限的被告名單」》[24]

時間回溯到一九九〇年代，當時許多企業惡性倒閉，勞工們一夕之間失去了工作，領不到資遣費、退休金，只好走上街頭，原以為事件就此結束，沒想到十六年後的勞委會竟要向這些勞工追討當年的「借款」……

「當年我們是如何替公司賣命，這是退休金，是屬於我應得的，不是借錢。」用著極沙啞的聲音，受害勞工之一的陳掌妹女士態度堅定的說著。

她因為工作長期吸入滑石粉等化學物質，包括聲帶跟肺都受損，還未退休就罹癌。當時為了領退休金替自己作保的母親過世了，勞委會進而向母親所有繼承人提告，追討這筆債務，陳掌妹整個家族三十一人都被列為被告，而其中最小的僅七歲……

如同「抄家滅族」的狀況不只陳掌妹，與她同樣遭遇的勞工們決定再一次走上街頭，這群曾經創造台灣經濟奇蹟的第一代工人，如今皆已白髮蒼蒼，他們依舊要捍衛自己應有的權利，不論風雨、邁著蹣跚的步伐，一次一次到勞委會，高喊著「政府缺錢告工人、弱勢人民成乞丐」，這一場不斷攀高、看不到上限的被告名單的訴訟戰爭，究竟何時落幕沒人知道，但可以肯定的是，這些勞工戰士們絕對會奮鬥到最後一秒。

24. 2012年12月26日，https://www.youtube.com/watch?v=XP4RWaiEZ8w

聯合國《世界人權宣言》（The Universal Declaration of Human Rights）第二十三條：

一、人人有權工作，自由選擇職業、並受公正和合適的工作條件並享受免於失業的保障。

二、人人有同工同酬的權利，不受任何歧視。

三、每一個工作的人，有權享受公正和合適的報酬，保證使他本人和家屬有一個符合人的尊嚴的生活條件，必要時並輔以其他方式的社會保障。

四、人人有為維護其利益而組織和參加工會的權利。

「各位同學，從勞動人權的角度來看，關廠工人抗爭事件是由於當時惡性倒閉的工廠老闆，不發給員工退休金與資遣費，侵害到這些無辜勞工的工作權和退休保障權。而我們的政府呢，並沒有站在保障勞動人權的立場，不但未向資方追討債務，反而在十六年後把矛頭指向關廠勞工。這是政府過去對勞動權的認識不足，相關法令不夠周延所產生的歷史共業。」

為保障我國勞工的基本勞動權益，一九八四年通過的《勞動基準法》是最重要的法律依據。其內容規範的勞動條件包括待遇、工資、工作時間、休假、職業災害發生時的補償原則，以及行政單位的監督和檢查責任等。該法並規範雇主不得無故資遣勞工，且有義務負擔部分的勞工保險費用。

然而，儘管《勞基法》有許多保障勞工權益的規定，但在資本主義社會裡，勞動者和雇主往往處於極不對等的地位。許多時候，當勞工的法定權益受到侵害時，雇主雖然違法，勞工及執法機關卻無法即時制止或處罰資方。包括：雇主積欠工資或加班費、關廠或歇業卻拒發資遣費、未按規定提撥退休金等。為了保障勞工權益，我國訂有「勞動三法」，以保護勞工的「勞動三權」。

一、團結權：指勞工有自願團結起來，建立或參加工會等勞工團體的權利。相關法律為《工會法》，保障勞工組成工會的權利。

二、協商權：又稱團體交涉權，指勞工有透過工會等代表，集體和雇主交涉、談判雇傭合約的權利。相關法律為《團體協約法》，透過工會可依法與資方進行工作條件等協商訂約。

三、爭議權：又稱團體行動權，就勞方而言就是罷工或其他抗爭行動的權利。相關法律為

《勞資爭議處理法》，協商不成可依法向主管機關申請調解，調解不成，則可採取罷工或其他抗爭權利。

法院終會還給人民公道的，我再播放一則二〇一四年三月十日的新聞**《關廠工人五案敗訴 勞動部不上訴》**[25]，台北高等行政法院就五個個案，宣判關廠工人勝訴，並認定勞委會（現勞動部）所主張**當年民事上的「借款」，屬於「基於國家責任」的補償，而無論這筆補償的性質是否需要償還，都已經因為超過公法契約五年時效而消滅**，這五個個案的關廠工人無須還款。勞動部敗訴了，且在輿論壓力下表示將主動撤回其他尚在訴訟中之案件，而對於已償還「貸款」之勞工，將返還其金額。從面臨個案司法訴訟的威脅、在民事庭中幾無勝算，到今天在行政法院取得重大突破，關廠工人在司法上的成果，其實完全是兩年多來持續抗爭的成果。除了司法勝訴，在國會殿堂裡，他們也取得進一步的成果：

「華隆條款」三讀 關廠勞工債權列第一順位[26]

近年工廠破產、倒閉情事頻傳，勞資爭議層出不窮，經全國關廠工人連線、華隆自救會等團體多年爭取，終於換取此次大幅翻修勞基法第二十八條，提升勞工抵押債權順位，因此被稱作「華隆條款」。

修正後的勞基法第二十八條明訂，勞工工資、退休金、資遣費債權與銀行債權同列第一順位，在債權銀行處分企業擔保品後，按債權比率清償。

儘管新法稍稍扭轉勞工在債權分配的弱勢地位，但未能讓勞工債權順位優於銀行抵押權，依舊挨批是「打折法案」。

關廠工人抗爭了這麼久，爭取的不只是他們自己的權利，而是所有人的權利。所有的人都應該站出來聲援他們。[27]

「太棒了，正義終於獲得伸張！這個社會還是有良心的！」小華興奮地握著拳頭，看得出來他很激動。

「老師，就像剛才《獨立特派員》裡邱純子阿嬤講的，他們老闆跑了，老闆兒子還在國外開大工廠，政府不去跟他們要，卻要跟阿嬤要錢，有夠沒良心的！」小麗氣憤地說著。

我點點頭：「所以我一開始才說台灣勞工真的是斑斑血淚啊！」

25. 《公視》，2014年3月10日，https://www.youtube.com/watch?v=6MznZgTX5so
26. 《自由時報》，2015年1月21日。
27. 《公視新聞議題中心》，2014年3月7日。

順著同學的語意，我接著帶入另一個議題：「其實講到勞動權益，恐怕還有一群人處境更為悲慘，而且當面臨國家機器打壓時，他們更難站出來抗爭，即便是抗爭也要帶著帽子、墨鏡、面罩東遮西掩的，因為社會大眾對他們的觀感極度不佳，這可以說是另外一個勞動的悲慘世界。」

在開始認識這個悲慘世界之前，我想先告訴你們一個故事，這是一個勇者的故事，她的名字叫做官秀琴。

官秀琴（一九五四年—二〇〇六年八月）

人稱官姐，曾任台北市公娼自救會（現為日日春關懷互助協會）會長，被喻為台灣妓權運動第一人。一九九七年台北市政府廢除公娼制度，官姐爲了保持公娼合法，進行了多達五百場的大小抗爭。

官秀琴的父親是礦工、早亡，身為長女十九歲便扛起家計。廢娼後，官姐轉經營小型私娼戶，地下化的性工作使得娼館經營更得應付各種地方勢力、黑白兩道、警察取締、打點鄰里關係。她經常感慨「變成非法，什麼人都可以騎在你頭上，我們只有低頭，求人手勢拿高，放我們一馬[28]」。

30. 2014年8月27日，https://www.youtube.com/watch?v=DkWO0U2qgLw

二〇〇六年七月底，政府宣布要「拚治安、掃黃」，無異是壓垮她的最後一根稻草，不能開業，每天還錢莊的錢哪裡來？八月一日官姐失蹤，屍體於八月三日在基隆海邊被發現，疑似為投海自殺。

在一張官姐的照片裡，她毫不扭捏、坦然直視鏡頭，展現一股傲然的氣勢。她也是唯一在所有公開場合上，不戴面罩帽子的公娼。據攝影師回憶，「官姐總是理直氣壯說：『我們不偷、不搶、不騙，有什麼好丟人？』」[29]

我播放了公視《獨立特派員「野地裡的長春花」》[30]，藉一位去世公娼麗君的故事，來看看這些性工作者的勞動權益，是怎麼樣一點一滴地被剝奪，甚至是無情地被外界給羞辱。

位於台北市的文萌樓是市定古蹟，同時也是台灣性產業的縮影，斑駁的紅磚、圓拱門的兩層樓店屋，似乎還可以看到當年繁華的景色……

「故事太多太多了，幾十年的故事都在這，包含了我們的血與汗以及喜怒哀樂，只要古蹟還在，我還有一口氣在，我都會一直將我的故事跟大家說。」前公娼秀蘭阿姨哽咽的說著。

28. 日日春關懷互助協會新聞稿，2006年8月17日，http://www.intermargins.net/Activity/2006/20060817/index.htm
29. 《中國時報》，2014年9月8日。

原本，因為皮肉生活而受到社會鄙棄的娼妓們，總是一直在角落默默生活，然而一九九七年的廢娼，導致她們為了工作權被迫走上街頭。

「嗯……我們大概有一百多個人坐上了遊覽車，一起到市議會，剛要下車的時候大家就趕緊戴上公娼帽，一步一步走向市議會……那個腳步真的……真的很沉重。」回想起當年走上街頭的種種，秀蘭阿姨不禁再度哽咽：「有時我們去抗爭的時候，都會被人吐口水、罵不要臉，大家只好把帽子都壓得很低，連眼睛都不敢露出來，只有當時的會長官姐跟副會長麗君有勇氣，她們從不戴公娼帽，永遠站在最前線……」

永遠站在前線的官姐與麗君阿姨已相繼離開，隨著時間流逝，也許曾歷經那些風風雨雨的夥伴們也會離開，但只要文萌樓還存在的一天，她們的故事就不會被抹滅。

影片播完，我注意到班上有幾位女同學微微紅了眼眶。其他人也是沉默不語。

「要不是走投無路，我相信公娼阿姨不會選擇皮肉工作。其實不同婦女團體對廢娼政策立場也不同，婦女新知基金會反對廢娼，而勵馨基金會與婦女救援基金會則支持廢娼。你們覺得廢娼政策是在保護公娼，還是反而害了她們？」我給同學三分鐘時間討論。

「在還沒看過影片以前，其實我不知道原來性產業背後有這麼多心酸，廢娼反而讓她們走入地下，少了官方保護，官娼壓力更大。」小麗難過地說著。

「唉，她們真的好可憐，為什麼這些議員跟市府要這樣做？」一旁原本靜靜的小美這時說話了，看得出來她眼眶還紅紅的。

「老師，難道政府當時沒有別的配套措施，比如請公娼轉業嗎？」姍姍問。

「有啊當然。可是這些公娼從小沒受什麼教育，也不可能做太高階的工作，頂多去幫人洗碗洗衣服。這種工作一個月賺不到兩萬，公娼背後養家的壓力都很大，根本入不敷出啊！」

「廢娼後，性交易就是違法，按照我國法律，與成年人性交易適用《社會秩序維護法》第八十條規定：意圖得利與人姦、宿者，處三日以下拘留或新臺幣三萬元以下罰鍰。然而當時的法律僅處罰得利方，也就是娼妓，一般稱之為『**罰娼不罰嫖**』。這種法律，對私娼來說，有一個更可怕的威脅，你們想想是什麼？」

「是不公平嗎？嫖客也要罰才公平？」小華疑惑地看著我。

我搖搖頭：「你說的其實也沒錯，你的見解跟大法官解釋一樣，恭喜你可以去當大法官了。」同學們哈哈大笑。

「這種『罰娼不罰嫖』規定，常常使得私娼陷入被白嫖的危機。你想想看，假設一個嫖客在性交易完後拒不付帳呢？請問娼妓怎麼辦？她敢報警嗎？報警後雙方到警局做筆錄，嫖客只要承認有性交易，要被開罰的其實是娼妓。倒楣一點的要被拘留三天，甚至處三萬罰鍰，誰敢報警？」

「真的耶。」「好惡劣喔。」「太過分了！」

不對等的法律，使得這群孩子有些氣憤。

「我剛剛講的都是真的，是我親自聽公娼阿姨跟我說的。除了白嫖以外，她們也常常會遇到黑道流氓上門索取保護費，一樣的道理，誰敢報警？這些流氓還不用砸店，砸店是犯法的，他們收不到錢只要馬上報警，這些私娼又要倒大楣了。」

「老師，她們真的好慘喔……」已經有同學臉色沉重，不忍聽下去了。

「不要說你們不忍心，其實法官也不忍判案，宜蘭地院簡易庭兩名法官，審理年近半百流鶯與高齡嫖客性交易，每次代價僅三百元。兩位法官不忍年邁性工作者為了餬口飯出賣肉體，卻屢被逮捕法辦，因而分別聲請釋憲。」

釋字第六六六號（二〇〇九年十一月六日）

> 社會秩序維護法第八十條第一項第一款就意圖得利與人姦、宿者，處三日以下拘留或新臺幣三萬元以下罰鍰之規定，與憲法第七條之平等原則有違，應自本解釋公布之日起至遲於二年屆滿時，失其效力。

大法官在《解釋理由書》裡特別提到：

> 鑑諸性交易圖利之一方多為女性之現況，此無異幾僅針對參與性交易之女性而為管制處罰，尤以部分迫於社會經濟弱勢而從事性交易之女性，往往因系爭規定受處罰，致其業已窘困之處境更為不利。

由於條文違憲，後來立法院通過了《社會秩序維護法》的修正條文，規定：**直轄市、縣（市）政府得因地制宜，制定自治條例，規劃得從事性交易之區域及其管理（第91-1條）**。簡單來說，就是各縣市可設立性交易專區，但在專區外娼嫖皆罰，處新臺幣三萬元以下罰鍰。

「現在法律已經改成可以設性交易專區，專區內不罰。好啦，大家想想看，截至目前為止，有沒有哪個縣市政府有設呢？」

「好像沒聽過。老師，哪個縣市有專區呢？」小周問。

「完全沒有。你是縣市長你敢嗎？要設在哪？你家旁邊可以嗎？這叫『鄰避效應』

（NIMBY,「Not In My Back Yard」的縮寫），意思是設在哪都好，就是不要在我家後院。按照修法意旨，法律精神是肯定性工作者權利，也就是予以『除罪化』。只是為了避免妨礙社會秩序，因此性交易須設置專區並由地方政府納入管理。」

「但是現在沒有專區，意思就是全台娼嫖都得罰，你們覺得這樣有符合大法官當初釋憲的意旨嗎？」

小周搖搖頭：「老師我怎麼覺得大家都推來推去，現在是立法院把責任推給地方政府。」

「所以有地方法院法官在一宗判決書上指出，社會秩序維護法修正案規定『娼嫖俱罰』，看似平等處罰，實質上不公，他認為未設專區之前，娼、嫖、媒合者，都不應被處罰。法律既已同意設專區，顯見立法者承認性工作權應屬職業自由保障，如今沒有專區就開罰，等同全面排除人民選擇從事性工作的可能性。」[31]

最後，我引用了許宗力大法官在釋字第六六六號的《協同意見書》，這裡面有很多發人深省的文字：「成年人間自願的性交易行為，若不涉及對於第三人具體利益的侵害，即使社會多數人的性道德情感傾向於認為，良好的性應不涉及對價、或應發生在婚姻關係之內，國家亦不得僅因多數人輕賤涉及金錢交換的性行為，而以刑罰非難之。否則不難想見，基於同樣的理由，多數人若對同性伴侶間的性行為感到不悅，也能如法炮製以刑罰相繩，而這樣的社會豈非自由的終結？

那些因經濟困難而在街頭從事性交易的中高齡婦女，公權力的行使不僅沒有提供她們當有的安全與保護，反而加劇她們為生計掙扎的苦楚，而這樣的不正義，該是停止的時候了。本件解釋乃是為了她們在多重弱勢下交相逼迫的痛苦而作，在國家對此有所回應之前，廉價的『娼嫖皆罰』絕對不該是選項。」

課後作業

◎這一課，值得你認識的公民團體ＮＧＯ：

全國關廠工人連線／日日春關懷互助協會／國道收費員自救會

31. 苦勞網，2011年12月17日，http://www.coolloud.org.tw/node/65502

公共電視《獨立特派員「國道人生入陣曲」》32

二〇一三年十二月三十日，國道全面改為計程收費後，原有的九百多名收費員，有一半選擇領取五個月的離職補償金，另外一半由遠通協助轉介工作，但他們指控：遠通提供的許多職缺都是看得到吃不到，不符合他們期待，因此提出國家安置的訴求。但「國道收費員自救會」的訴求並未獲得民眾普遍支持，有人認為幾年前政府就告知這是一年一聘的工作，電子收費上路後就會消失，收費員應該早有準備；也有人批評，收費員不去努力找工作，卻想要順勢成為公務員，哪有這樣的道理？

請你看完影片，試著體會出他們希望受到尊重的心情。

一、請各組同學分頭蒐集資料，分別就國道收費員主張、遠通電收說法，以及交通部立場，比較彼此觀點，並在下次上課時提出你們的看法。

二、依交通部國道高速公路局的說法，收費員是屬政府一年一雇之雇用人員，雇用契約中並已明訂ＥＴＣ計程收費後即終止雇用，政府並無安置義務。請問：如果你是交通部長，你會怎麼做？請說明你的作法。

後記

儘管聯合國《世界人權宣言》肯定了勞動人權的地位，我們對於勞動權益的教育卻很少。即使台灣有七百多萬勞工，大多數人總認為這些關廠抗爭只存在於藍領低階工人階級。今天特別上這一課，就是要同學認識他們未來在職場有可能面臨的風險，並且進一步培養同學對於社會勞動人權議題的關懷。由於主流社會對於這些弱勢勞動者長久以來汙名化的刻板印象，一時之間要同學具有同理心並不是那麼容易，還好公視《獨立特派員》節目製作了相當豐富的內容，透過影片播放，搭配我口述故事，比較容易使學生進入那種走投無路的氛圍，也比較能理解這些弱勢勞工之所以會採取激烈抗爭背後的苦衷。

32. 2014年7月2日，https://www.youtube.com/watch?v=_DEuN6VLTnw

當我們在影片裡看著女議員咄咄逼人的質詢：「你覺得怎麼樣的人才可以去當妓女？」其實我們會很難過，在議會殿堂上使用這種用詞，明顯就是鄙視性工作者的人格。因為這種工作不見容於主流社會，甚而被多數人輕賤，因此國家便剝奪性工作者的職業選擇自由與工作權，並以刑罰非難之。古希臘哲學家亞里斯多德（Aristotle）曾說：「**平等地對待平等的；不平等地對待不平等的。**」（To treat equals equally and to treat unequals unequally.）當你夜晚去林森北路的燈紅酒綠走一遭、當你看到藝人小模與政商名流的招待所飯局，**明明從事一樣的行為，卻不用像私娼一樣整天躲警察躲黑道，還要被人指三道四，這種階級的歧視，更加令人感到心酸。**所以透過教育，翻轉價值，不正是我們老師的職責嗎？

第五堂／

居住正義

不吃不喝
一百四十年買一棟房子

「社會差距只能基於共同的福祉而存在。」

——法國《人權及公民權利宣言》第一條

摘要

1 課程

居住權／房價所得比／社會住宅

2 新聞

北市房價所得比全球最高／巢運夜宿仁愛路帝寶前

3 搭配閱讀

《二十一世紀資本論》，托瑪·皮凱提（Thomas Piketty）著，詹文碩、陳以禮譯，衛城

4影片
吳韶卿／羅逸楓，巢運主題曲〈明天會更好嗎〉MV

課堂

今天是這個學期第五堂公民課，我們要來關心「居住正義」，這是個很夯的名詞，但什麼是「居住正義」呢？

依據聯合國「經濟社會文化權利國際公約」（International Covenant on Economic, Social and Cultural Rights）的解釋，**所謂「居住正義」**（the right to adequate housing，**適足住房權**）**是指任何人都有和平、安全而有尊嚴地居住在某處的權利。**其保障範圍不僅止於有產權者，更包含對無產權者及所謂「非正規住區」（具有歷史成因的違建聚落）者的保障。因此，居住權是一種凌駕所有權的基本權利，不但

是基本人權，且為普世價值。

「用十個字來說，就是：居住是人權，人人有屋住。」

為了讓同學可以感同身受，一開始，我先播一段《東森新聞　台灣啟示錄》的「**只想要有一個家！**」[33]，我選了其中一段「**崩世代之青貧焦慮——居住不正義　再拼也難贏**」：

王鐘銘，今年三十五歲，工作很多年了，薪水僅有三萬八千元，沒車也沒房，也租不起好房子，只能跟室友擠在板橋一間窄小的套房，省吃儉用過日子。二十五年前，鐘銘的爸爸靠著白天做工、晚上開計程車，花了兩百零八萬為家人在淡水買了四十坪的新房子，每坪五萬二；如今，房子舊了，每坪卻漲到十八萬！

對鐘銘來說，父親那一代是「愛拚才會贏」，有努力就有希望；到了他這一代，眼看著房價飆漲凶猛，年輕人早已淪為窮忙族，又怎能去追求自己的夢想呢？二〇一三年，全台灣月薪不到四萬的有七成，這其中有四成月薪更低於三萬，如同鐘銘所言，他朋友裡月入六、七萬的都買不起房了，何況是廣大的低薪族？

「我來告訴你們一個數字，根據主計總處統計，二〇一四年上班族實質薪資平均每月四萬六千六百九十一元，這個數字是有加計年終與績效獎金，竟然低於一九九九年的四萬七千零七十六元，所以我們說台灣的薪資水準倒退十五年前。」

「天啊，好慘。」

「所以薪資倒退十五年不是媒體亂報，原來是真的。」

「再跟你們講個數字，打擊你們一下。《住展雜誌》統計，一九九九年在台北市買三十五坪標準三房的新屋，總價約八百八十九萬元，若以單人薪水四・七萬元來計算，購屋者需花十五・七四年薪資；同樣條件的房子今年已經漲到三千七百五十二萬元，所以今年要買房的人要六十七年不吃不喝才能買房。這邊的薪水是用四・六六萬去算的，**如果是22K，那就要……一百四十二年。**」

「X！裝肖維！」阿南脫口而出。

「喂，上課請不要說髒話喔。」

「一百四十二年！我們不用念書了啦，人生已無希望。」小周邊搖頭邊講，看得出來他有點沮喪。

「好慘，還好我還有爸媽，我回去會跟他們說不好意思我得永遠住家裡了。」小華

33. 2014年10月12日，https://www.youtube.com/watch?v=ByS2i1O0BWw

也充滿著不安。

現實是殘酷的，數字一講出來，我清楚看到每個同學臉上那種無助、無望的表情，從他們茫然的眼神，不正映照出太陽花學子們的畫面嗎？「服貿」其實只是點燃怒火的引信，低薪、高房價這些經濟困境，才是把年輕人逼上街頭的真正原因。

房價所得比＝中位數房屋總價÷家戶年可支配所得中位數

「房價所得比」又稱「購屋痛苦指數」，是國際常用衡量房價高低的一種指標，也就是買一間房子要不吃不喝幾年的概念。這裡的房價是以各縣市中古屋的均價計算，所得則是以家戶所得計算。所得比數字越高，就表示民眾越痛苦。聯合國曾計算出「合理」的房價所得比是六倍，**換句話說，超過六倍就已經是泡沫化了**。

台灣高房價究竟有多嚴重呢？來跟世界各大都市比比看：

台灣世界第一了！內政部：北市房價所得比全球最高[34]

內政部公布，二〇一四年第三季台北市房價所得比十五．一九倍、貸款負擔率百分之六十四・三六。換句話說，必須連續十五年不吃不喝才能買得起房子。

根據美國顧問業者Demographia的調查資料統計，台北市的房價所得比「全球最高」，第二名是香港；第三名依舊是台灣拿下，新北市所得比為十二・八一倍。第四名則是溫哥華十・三倍，第五是舊金山的九・二倍。

這種丟臉的世界第一，換來什麼呢？只換得遠雄建設趙董事長的名言：**「台北市一坪兩百五十萬元不算貴！」**果然有錢人跟你想的就是不一樣。

宅神朱學恆曾製作一部極諷刺的短片**《90秒聊台灣：少女時代與房價》**[35]，帶我們看看「平平都是人，哪ㄟ差這多」：

韓國偶像團體少女時代的徐玄，在首爾市最高級的住宅區清潭洞買了一坪要價五十萬台幣的豪宅，這價錢在台灣買不到台北市，只能買在林口；那天龍國的精華區怎麼賣呢？中正區九十六・六萬、大安區九十・五萬。比較二〇一二年兩國國民所得：台灣人均GDP是二三三八〇美元、韓國是二五九四九美元。

可是想一想：為什麼人均GDP比較低的地方，房價比較高呢？

34. 《三立新聞》，2014年04月17日。
35. 2013年11月25日，https://www.youtube.com/watch?v=WF6Y_-qmqkE

「台北房子真的很瞎，又貴又醜。」小周很不以為然。

「鬼島就是鬼島，為什麼我不能當韓國人啊。」一反往常的樂觀，小麗也抱怨著。

「妳長大嫁給『歐巴』（韓語「哥哥」的意思）就可以啦。」旁邊的姍姍安慰她。

「真的，『歐巴』又帥又有房子，愛台灣沒前途了。」芊芊深有同感地說。

前一陣子有智庫學者在人口老化研討會上疾呼：高房價誰敢生？台灣房價高、年輕人不敢生育。**現在看看我們的下一代，打算直接嫁到國外去了！**

「首爾的房價所得比是六倍，勉強在『合理』標準內。各位有去過日本東京嗎？就算沒去過大概也在電視上看過，東京漂亮吧？這個全日本最精華的地區，所得比講出來你們才真的會吐血……四．四倍！」

「四年不吃不喝就可以買在東京！？」小麗一副不可置信的樣子。

我淡淡地說：「是的，就是四年沒錯。」

「唉……」「唉……」一個個搖頭嘆息的。

「別唉聲嘆氣了，我完全可以理解你們的哀怨。台灣人有多命苦呢？以台北市來看，二〇〇八年總統剛上台時，當時的房價所得比是八．五七倍，其實已經泡沫了。結果如今泡沫加倍、成了十五．一九倍。這種『盛況』，難怪高房價可以榮登十大民怨之首！」

社會權：要求國家積極作為的權利

社會權有兩層涵義，一是公民有依法從社會獲得其基本生活條件的權利；二是在這些條件不具備的情況下，公民有依法向國家要求提供這些生活條件的權利。與自由權、人身權等權利不同，社會權的實現更依賴於國家的積極作為。

對民眾而言，獲得這些保障是一種權利，不能因國家的政治、經濟、財政或其他因素而加以剝奪。

身為國家的國民，「居住權」就是一種社會權，這是「天賦人權」，不是向政府乞求的施捨。馬英九總統任內最自豪的一件事，就是在二〇〇九年通過了《公民與政治國際權利公約及經濟社會文化權利公約施行法》（兩公約施行法），強調「**兩公約所揭示保障人權之規定，具有國內法律之效力**」（第二條），而且「**各級政府機關行使其職權，應符合兩公約有關人權保障之規定，並應積極促進各項人權之實**

滅金權
爭公平
給我住得起
滅金權
爭公平
給我住得

二〇一四年十月四日，「巢運」團體在位於台北市仁愛路三段、台灣公認地價最高的豪宅住宅區「帝寶」前舉辦「夜宿仁愛路」活動。

現」（第四條）。法條寫得真是感人肺腑，號稱從此與國際人權接軌。

關於居住權，聯合國是這樣講的：《經濟社會文化權利國際公約》第十一條第一款：本公約締約國確認人人有權享受其本人及家屬所需之適當生活程度，包括適當之衣食住及不斷改善之生活環境。締約國將採取適當步驟確保此種權利之實現，同時確認在此方面基於自由同意之國際合作極為重要。」

張琦，就讀大一，是這群孩子的高中學姐，好好打了馬英九的《兩公約》一巴掌：

〈自由時報讀者投書〉年輕人最該捍衛的「居住正義」36

◎張琦（東吳大學政治系學生）

前幾天是馬總統的就職六週年紀念日，他引以為傲簽署兩公約人權報告，其中明言保障人民的居住權，但現在房地產市場中，房屋像是產品，而非居住的權利，馬總統這不是在打臉，那什麼才是打臉？

從小父母就擠破頭想把我們送進明星國中，拚了命的考上前三志願，夜以繼日地埋首書堆中，不就是為了考上好大學？畢業後有份穩定高薪的工作，存到人生第一桶金，當作第一間房子的頭期款？然而，我們早在國中開始就以買房為奮鬥的目標，在這個房價漲得離譜的當下，是不是離我們越來越遠？答案顯而易見。

「有人會說，房價跌個三成，買不起的人還是買不起。我要說，別說三成了，對弱勢而言，台灣這種貴死人的房價就算跌五成也是買不起。所以在國際上，對於居住權、特別是弱勢族群的保障，有時候我們會用一個國家社會住宅佔住宅存量的比例作為衡量指標。」

社會住宅（social housing），在歐洲又稱「社會出租住宅」（Social Rented Housing），是指政府直接興建、補助興建或民間擁有之適合居住房屋，採「只租不賣」模式，以低於市場租金或免費出租給所得較低的家戶或特殊的弱勢對象的住宅。台灣有些地方政府給予不同名稱，例如公營住宅、青年住宅等。

「世界各主要國家都很重視社會住宅的比例：荷蘭百分之三十四、英國百分之二十、丹麥百分之十九、芬蘭百分之十八、瑞典百分之十八、歐盟平均百分之十四、美國百分之六．二。有人又會批評，歐洲的社會福利本來就比較好，少拿歐

36.《自由時報》，2014年5月25日。

洲來比較。看看東亞國家吧：香港百分之三十、日本百分之六．〇六、新加坡 百分之八．七、韓國百分之六．五。」

「講了這麼多國家，最少都有六趴，那大家來猜猜看，我們的台灣有幾趴呢？」

「五趴？」

我搖搖頭：「差很多。」

「四趴？」「三趴？」「二趴？」我不斷搖頭。

「一趴？」學生快猜不下去了。

「正確答案是……〇．〇八趴。」

「什麼？〇．〇八！？」小周瞪大眼睛看著我說：「我不敢相信！竟然這麼少？」

孩子，別說你不相信了，為師的我，很多時候也不敢相信這竟然就發生在我們的國家啊！

「大概是注意到民怨四起的高房價了，總統在二〇一四年就職六週年演說承諾要**『加速實現居住正義、讓青年住得起台灣』**，行政院馬上說十年後社會住宅要從現在的七千戶提高到三．四萬戶。可悲的在這裡：以韓國為例，人家早就有一百一十六萬戶的社會住宅，佔該國住宅六．五趴，但韓國政府不以此自滿，每年還要編列新台幣一千三百億元興建，宣示要在二○二○年將比率提升到十二趴。結果可憐的台灣人，再等個十年，我們會從○．○八趴，升到○．四趴！這就是總統大言不慚的居住正義。」

英國經濟學家凱因斯（John Keynes）有一句名言：「**長期而言，大家都死了。**（In the long run, we are all dead.）」按照馬政府這種緩不濟急、杯水車薪的社會住宅政策，講難聽一點，弱勢族群真的等到死也住不到。政府失靈，就像一頭沉睡的大象。面對居住人權，官員可以視若無睹，但人民幸福可不能跟著陪葬！

我播放了**「巢運」主題曲MV——〈明天會更好嗎〉**[37]，一九八九年，房價短短三年飆漲超過五倍，激發民眾怒火，憤而夜宿當時全台最貴地段忠孝東路，引爆「無殼蝸牛運動」。二十五年後，不公不義更加嚴重，政府放任財團炒作、縱容官商勾結，相較於曾經傳唱一時，當年帶給人民希望的那首〈明天會更好〉，現在的年輕人，他們幾乎要失去夢想：

37. 2014年9月3日，https://www.youtube.com/watch?v=859s4v4NPKI

當我們抬頭望／卻找不到那翅膀／兒時的家園／曾幾何時變得不一樣
有些事不能原諒／有些名字不該遺忘／現在的我們／需要勇敢地挺起胸膛
如果永遠站在原地／如果不能相信自己／連做夢也沒有權利
如果永遠站在原地／如果不能相信自己／什麼事還有意義？
沒有殼的蝸牛是否能前進？／沒有家的我們是否擋得住風雨？
明天會更好嗎／我不知怎麼回答／或許大聲唱就能有希望／帶給我們力量
明天會更好嗎／不要只是安慰的回答／需要你和我踏出那步伐／讓夢想不只是夢想

《抗議房價居高不下　巢運夜宿帝寶前》[38]

十月四日、聯合國「世界人居日」前夕的夜晚，由一百零一個公民團體組成的「巢運」，為了控訴台灣高房價，號召民眾躺在最貴豪宅帝寶前面，夜宿仁愛路，再現二十五年前的「無殼蝸牛運動」，現場湧入近兩萬人，包括太陽花學運領袖林飛帆，以及雙北市長候選人柯文哲、游錫堃，都前來參與。

高房價除了是十大民怨之首，它同時也拉大了貧富差距，更是一連串強拆迫遷的起

因。這些年來，苗栗大埔迫遷、淡海二期迫遷、桃園航空城迫遷，政府一貫口吻就是為了經濟發展、為了公共利益，所以必須犧牲少數人的權益。然而，這些被迫遷戶成員自力救濟調查的結果，我們看到，那根本就是官商勾結，有本事的金主早已先行卡位養地，等著所謂區段徵收、都市更新，繼續推高房價。

「你們在國中公民課時就已經學過台灣的所得稅是採累進稅率，我們的稅率最低是百分之五，再來依序是百分之十二、百分之二十、百分之三十、百分之四十，如果年所得超過一千萬則採最高百分之四十五稅率。賺越多、繳越多，各位覺得公平嗎？」

「很公平啊！有能力的人多繳一點稅，本來就是應該的。」小華頻頻點頭贊許，他一向很有正義感。

「我也覺得很公平，窮人少繳、富人多繳，很好啊！」小麗也認同地點著頭。

「買房獲利也算是個人所得，要不要猜猜看，假設有人賣房子賺了兩千萬，他適用的所得稅率大概是多少？」

小華不假思索地回應：「簡單，超過一千萬元所以是百分之四十五。」

我嘆了口氣：「別鬧了，如果這麼高，巢運那些人就不需要夜宿仁愛路了。」

38.《民視新聞》，2014年10月4日。

「……不可能是百分之五這麼低吧？我會吐血。」看到我嘆氣，小華開始猶疑。

「小華，你不但得吐血，而且恐怕要吐更多。根據中央研究院《賦稅改革政策建議書》，裡面提到二〇〇一年台北市一間市價一千萬元的房屋，二〇一三年可售得三千零五十萬元，售屋所得為兩千零五十萬元。計算出其資本利得稅賦（包括土地增值稅與房屋交易所得稅）為三十三萬九千元，**實質稅率竟只有百分之一．六五！**」

「老師，不只小華要吐血，我也要吐血了！」小周大聲嚷嚷著，一臉不可思議。

「我也要！」「吐血算我一份！」每個同學都搶著要吐血。吐血當然是開玩笑，但是在玩笑的背後，代表的是這些年紀輕輕的高中生，不敢相信他們的國家竟然有如此不公平的事情！

房地產炒作的結果，使得原本擁有多屋、豪宅者資產更加膨脹，「富者愈富、貧者越貧。」以帝寶為例，二〇〇一年預售時每坪大約八十萬元，二〇一三年成交價竟炒到每坪兩百九十八萬元，若以一戶一百二十坪來計算，持有十二年出脫至少淨賺兩億六千萬！首先，以當時出售價而言，能一次拿出九千六百萬元買帝寶者，本來就是金字塔頂端，隨著房價飆漲，他們每天不用工作，結果不勞而獲的所得竟然是兩億多，更爽的是，他們所需繳的資本利得稅竟然只有百分之一．六五！台灣那些窮忙族要繳的所得稅最少都要百分之五起跳，這是什麼樣的社會，窮人的所得稅率竟然是金字塔階層的三倍？

如果當年的年輕人要買房叫做無望，那麼現在的年輕人根本就是絕望！

講了這麼多殘忍的數據，班上同學已經頭昏腦脹了，實在不忍心繼續講下去，但是一想到台灣的未來在他們手上，我只好再接再厲播一段《天下雜誌》製作的《**1%比99%的戰爭，台灣貧富差距創新高**》[39]動畫短片：

據調查，台灣應稅所得前百分之一的富人，這三十多年來平均年所得持續上升，截至二〇一一年，平均應稅所得已達一千零七十七萬；反觀其餘百分之九十九的家戶所得，成長極其緩慢，至二〇一一年僅有七十八萬。這百分之一與百分之九十九的所得差距，很不幸已經創下歷史新高。

但更不幸的是，前述部分還是可以課到稅的數字，這只佔台灣人民真正賺到錢的百分之四十，另外百分之六十則是透過房地產和股票證券錢滾錢而來，這種隱形財富更難追蹤。這樣看下來，《天下雜誌》告訴我們，台灣的貧富差距幾乎已是全世界最嚴重的！

「天哪！台灣也太慘了！」

39. 2014年6月16日，https://www.youtube.com/watch?v=5tIud_nyG5M

「老師，剛剛影片最後有一句話『推動稅制改革』，這算是解藥嗎？」姍姍總是能適時提出好問題。

「不錯，姍姍很專心看喔！以前有位日本管理大師大前研一提出『M型社會』（M-shaped Society）的概念，意思是原本以中產階級為主流的社會，轉變為富裕與貧窮兩個極端，中產階級從中間凹陷、逐漸消失。但是，這個論點已經不成立了，我們根本沒有『M型』，現在是百分之一的金字塔頂端與百分之九十九的中下階層，原本的中產階級全部都跟著向下沉淪了。要拯救這個困境，除了革命，『推動稅制改革』是最後的方法了！」

提到貧富不均、稅制改革，一位可能是目前全世界最重要的經濟學家，一定要介紹讓學生好好認識，我播放**《文茜的世界財經周報／撼世鉅著貧富不均溯源　21世紀資本論》**[40]：

法國經濟學家托瑪・皮凱提（Thomas Piketty）巨著《二十一世紀資本論》，這本被諾貝爾經濟學獎得主保羅・克魯曼（Paul Krugman）譽為今年甚或往後十年最重要的經濟學著作，為何會在歐美各國甚至台灣都引起風潮？

「這是令人驚嘆的著作，真的改變很多你對這世界正在發生的事情的認知！」克魯曼在接受訪問時如此說著。

今年四十三歲的皮凱提，橫跨二十幾個國家、長達兩百多年數據資料的實證研究，他發現已開發國家的資本報酬率（r）動輒百分之四或五，而整體的經濟成長率（g）頂多百分之二，也就是說，有錢人財富增生累積的速度快過一般人工作收入增加的速度，因此富者將愈來愈富，佔掉社會大部分的所得與財富份額。另外，他也提出，網際網路的出現使得投資無國界，利用網路將財產轉移至避稅天堂，讓富人的財富得以隱匿，更加劇了貧富不均的現象。

皮凱提認為，各國政府應積極改革稅制，減低財富過度集中的趨勢，否則將危害民主社會依照個人才能與努力決定報酬的基本價值，我們也很可能回到十九世紀那種貧富極度不均的景況。

如今，這些已開發國家的貧富不公現象，已經回到一次世界大戰之前那種資產世襲的情況。尤其一九七〇年代以來「新自由主義」盛行的減稅風潮，更使得貧富差距急速拉大！**這種貧富差距、貧窮世襲，形成了「靠爸資本主義」，社會流動停滯，先賦地位決定了一切。**不靠爸的年輕人再怎麼努力，財富累積速度也遠比不上家裡

40. 2014年6月8日，https://www.youtube.com/watch?v=9Cp3n3MrsZw

擁有龐大房產的「權貴金湯匙」。

皮凱提的研究雖然沒有納進台灣，但是當他來台演講時，發現台灣的房地產持有稅（房屋稅加地價稅）的實質稅率百分之〇．一僅有美國的十分之一，大師直接明講：「這種超低稅率，等於鼓勵富人買房囤房，必須調高房產持有稅，而且應採累進稅率，讓擁有多房者每年繳很高的稅，才能達到公平目的。唯有逼這些富人賣屋，不動產才不會一直上漲，年輕人才買得起房。」

居住正義對這一代學生來說，絕對是一個典型的世代正義問題，政府的無能、不公不義，甚至縱容房地產炒作，使得他們被奪去了所有的可能！「太陽花學運」之所以引起廣大年輕人的迴響，正顯示他們對政府信任的崩解。

夢想是前進的動力，年輕學子的奮起，是我們國家未來的希望！盼望他們張琦學姐的話，能激勵這群孩子的心：

我們這輩的年輕人對於未來是一片茫然，低薪資、高房價，政府卻輕而易舉推卸保障居住權，這樣惡劣的房地產市場、扭曲變態的社會結構，對不起年輕人的就是政府！而「居住正義」，也正是我們年輕人所該全力爭取、捍衛的首要任務！

課後作業

◎這一課，值得你認識的公民團體ＮＧＯ：

台灣居住正義協會／社會住宅推動聯盟／專業者都市改革組織／崔媽媽基金會

「巢運：無殼蝸牛全面進化」五大居住改革訴求[41]

一、居住人權入憲，終結強拆迫遷

國家應保障人民擁有適當生活條件，使所有人均享有和平、安全、尊嚴之居住權利，並據此停止所有違反此原則之強拆迫遷作為。

二、改革房產稅制，杜絕投機炒作

在保障自住權益原則下，進行「房地合一」、「實價課稅」之稅制修法，並針對短期買賣炒作及囤屋課以重稅，導正住宅市場投機亂象。

41. https://www.facebook.com/notes/1462330967360997/

三、檢討公地法令，停建合宜住宅

全面檢討修正以標售、設定地上權、都市更新模式處分公地之相關法令，立即停辦弊端叢生的合宜住宅，遏止官商勾結。

四、廣建社宅達百分之五，成立住宅法人

明確宣示社會住宅達百分之五為國家發展目標，配合進行「住宅法」修法，成立住宅法人，強化財源、土地、民間參與、弱勢保障等機制。

五、擴大租屋市場，制訂租賃專法

要求制訂「住宅租賃專法」，引導空屋出租，保障租賃雙方權利，強化弱勢扶助，讓租屋成為有尊嚴、合理的居住選擇。

一、對於台灣的居住世代不公，「巢運」提出了詳盡的五大訴求，請各組至少選擇一個感興趣的議題，深入探討其可行性或者可以改進的對策，下次上課上台報告。

二、許多國家對居住權保障與房地產炒作都有高度限制，請上網查詢相關資料並比較，是否能作為將來台灣住宅政策的借鏡？

後記

易智言導演的青春電影《行動代號：孫中山》[42]，一群戴著美少女戰士面具的高中生，絞盡腦汁、用盡全身氣力，也要偷走孫中山銅像。乍看詼諧的鬧劇，一直到主角突然冒出「不要說阿公的阿公了，連兒子的兒子都窮斃了」，才讓人驚覺，究竟是怎樣的不公平，逼得少年們要以身試法？

台灣是全世界唯一實行孫中山三民主義的國家，憲法第一四二條：「國民經濟應以民生主義為基本原則，實施平均地權，節制資本，以謀國計民生之均足。」民生主義就是民享，就是社會主義。孫中山早就觀察到，社會革命動亂的起因，是由於「得有土地及資本之優勢者，悉成暴富，而無土地及資本

42. 2014年5月30日，https://www.youtube.com/watch?v=4_BXid97k0A

之人，則轉因之謀食日艱」。所以他的民生主義特別強調要「平均地權」，地價高漲是社會改良和工商業進步的結果，而功勞是眾人之力經營而來。地主什麼功勞也沒有。土地漲價，應由社會大眾所共享，所以要「漲價歸公」。

可是我們看看現在的台灣，台北市房價所得比（購屋痛苦指數）十五．一九倍成為世界第一貴，你說國父能不流淚嗎？

身為「巢運」的發起夥伴之一，我當然很在意這種世代剝削對下一代的傷害。但是高中生還沒出社會，不見得能理解年輕低薪族的痛苦。我需要用更淺白的語言，搭配影片的真實案例，讓同學們設想自身面臨的處境，當面對政府不公不義的作為時，他們能怎麼做？或者他們該怎麼做？

「巢運」雖然是一條漫長的道路，我們不能放棄，為了自己、也為了下一代，「革命尚未成功，同志仍須努力！」

社會運動

第六堂／公民有不服從的權利

「活在一個會無端監禁公民的政府底下，正義之士要待的地方就是監獄。」

——梭羅（Henry David Thoreau）

摘要

1 課程

「惡法亦法／惡法非法」／抵抗權／公民不服從

2 新聞

洪仲丘事件／太陽花學運／香港佔中運動

3 搭配閱讀

《公民，不服從！》，亨利·梭羅著，劉粹倫譯，紅桌文化

《平凡的邪惡：艾希曼耶路撒冷大審紀實》，漢娜．鄂蘭著，施奕如譯，玉山社

4 影片

五月天，〈入陣曲〉MV／滅火器，〈島嶼天光〉MV／何韻詩等，〈撐起雨傘〉MV

課堂

今天是這個學期第六堂公民課，我們要來介紹「社會運動」，首先問問各位有沒有聽過「洪仲丘事件」？有聽過或知道的可以舉個手給老師看看嗎？

「哇，怎麼幾乎全部都聽過啊？你們平常有那麼關心新聞嗎？」

「沒有啊老師，這件事太有名了，要不知道也很難吧。」對於我的大驚小怪，小周有點不以為然。

「老師，我爸媽他們那天也有去凱道抗議喔。」「老師，我哥也有去。」

大家紛紛表達他們對萬人送仲丘這件事的關注跟參與程度，讓我有一點欣慰。

洪仲丘事件

陸軍義務役下士洪仲丘原預定於二〇一三年七月六日退伍，卻在退伍前兩天死亡，由於死因是遭軍中幹部違法送禁閉室，並遭受不當虐待致死，因而引發社會輿論憤怒。由於馬政府與國防部堅不退讓，「公民1985行動聯盟」因此發動兩波抗議活動，其中第二波八月三日在凱達格蘭大道舉辦的「萬人送仲丘」晚會，自發性聚集了二十五萬人走上街頭，有媒體形容凱道下起了「八月雪」。

三天後，《軍事審判法》立即通過修法，在承平時期軍人犯罪全歸一般司法程序審理。

「同學，有件事你們可能不曉得，主辦這場二十五萬人集會的『公民1985行動聯盟』，總共只有三十九個人，重點是，這三十九人其實都是PTT的鄉民，他們裡面很多人當天才第一次見面。」

「什麼？他們沒見過面？」

「真的假的？那他們怎麼號召二十五萬人上街頭？」
「我不太相信ㄟ。」
不可置信的神情全寫在同學們的臉上。

台灣的社會運動發展歷史，可以追溯到很久以前，在戒嚴時代當時的黨外人士就陸陸續續有反抗運動，比較有名的比如說「美麗島事件」，一九八七年解嚴後社會運動更是蓬勃發展，弱勢團體例如農民、勞工、婦女、原住民、受汙染者等，紛紛走上街頭，爭取應有的權益。

所謂「社會運動」是指一群人採取有組織、有目標、有計畫的方式，來推動或阻止社會產生某種改變的過程。它具有下列四種特色：

一、透過組織進行。
二、抱持特定價值與理念。
三、具特定目標。
四、是一種「由下而上」的行動，通常會尋求體制外的手段，例如：群眾抗議、靜坐、遊行示威、絕食等，目的在喚起政府官員及社會大眾的注目。

毫無疑問，洪仲丘事件的抗議絕對算得上是社會運動，但為什麼我們今天要特別拿它當例子呢？

「因為它是一場完全新型態的社會運動，不靠傳統的人脈網絡，也沒有實體的組織動員，在這裡面『網路／internet』扮演了最關鍵的角色，剛剛講過了，這些『1985行動聯盟』的成員彼此根本不認識，他們是透過PTT的聯繫組合起來，再成立臉書Facebook『公民1985行動聯盟』，這個有十七萬人按『讚』的粉絲專頁，最後催生出二十五萬台灣人民走上街頭。」

「當然，一場社會運動能如此成功，其中涵蓋的元素非常多，以老師自身參與多次社會運動的經驗來看，理性訴求當然要有，**不過情感層面才是喚起民眾走上街頭的動力，至於如何催出感性部分，就是組織者的能力展現了。**」

為了使學生實地感受二十五萬人的震撼場面，我播放當天新聞**《25萬白衫軍送仲丘「你甘有聽到咱唱歌」》**[43]，這段是全場大合唱主題曲〈你敢有聽著咱的歌〉的全程實況。

這首歌改編自音樂劇《悲慘世界》的〈Do You Hear the People Sing?〉，諷刺當前的政府就跟十九世紀時的法國一樣無能，填詞者吳易澄醫師用悲憤、壯烈的歌詞道出人民心聲，盼望公義得以彰顯。事實上，他也是一位網路鄉民。「1985」指的是國軍申訴專線，反諷軍中假人權，穿「白衣」代表要求「真相大白」，頭上綁著黑色「國防布」諷刺國防部只會一味掩蓋真相，而晚會上人人高舉的「公民之眼」——「Big Citizen is watching you」，意指「強大的公民社會，正在監督你」！

「喔！原來白衫軍有這麼多意涵喔！」小華恍然大悟地說著。

「我只是覺得台語版悲慘世界滿好聽的，想不到背後有這麼多故事。」芊芊很認真地回應。

「其實第一次七月二十日早上包圍國防部的抗議，老師也在現場，我估計頂多兩三千人，馬總統當天下午還去台中洪仲丘家裡掛保證說『我管定了』。但是民眾後來只看到國防部的官官相護與冷淡回應，終於在第二次八月三日洪仲丘出殯前的告別晚會，激出了二十五萬人，有人憤怒、有人悲傷、有人流淚，雖然場面平和沒有衝突，但是會場上每個人臉上堅定的眼神說明了一切，這時的馬政府才驚覺大事不妙，然後隔三天就統統修法通過了。」

43. 《三立新聞》，2013年8月3日，https://www.youtube.com/watch?v=9kP4kCDEtbM

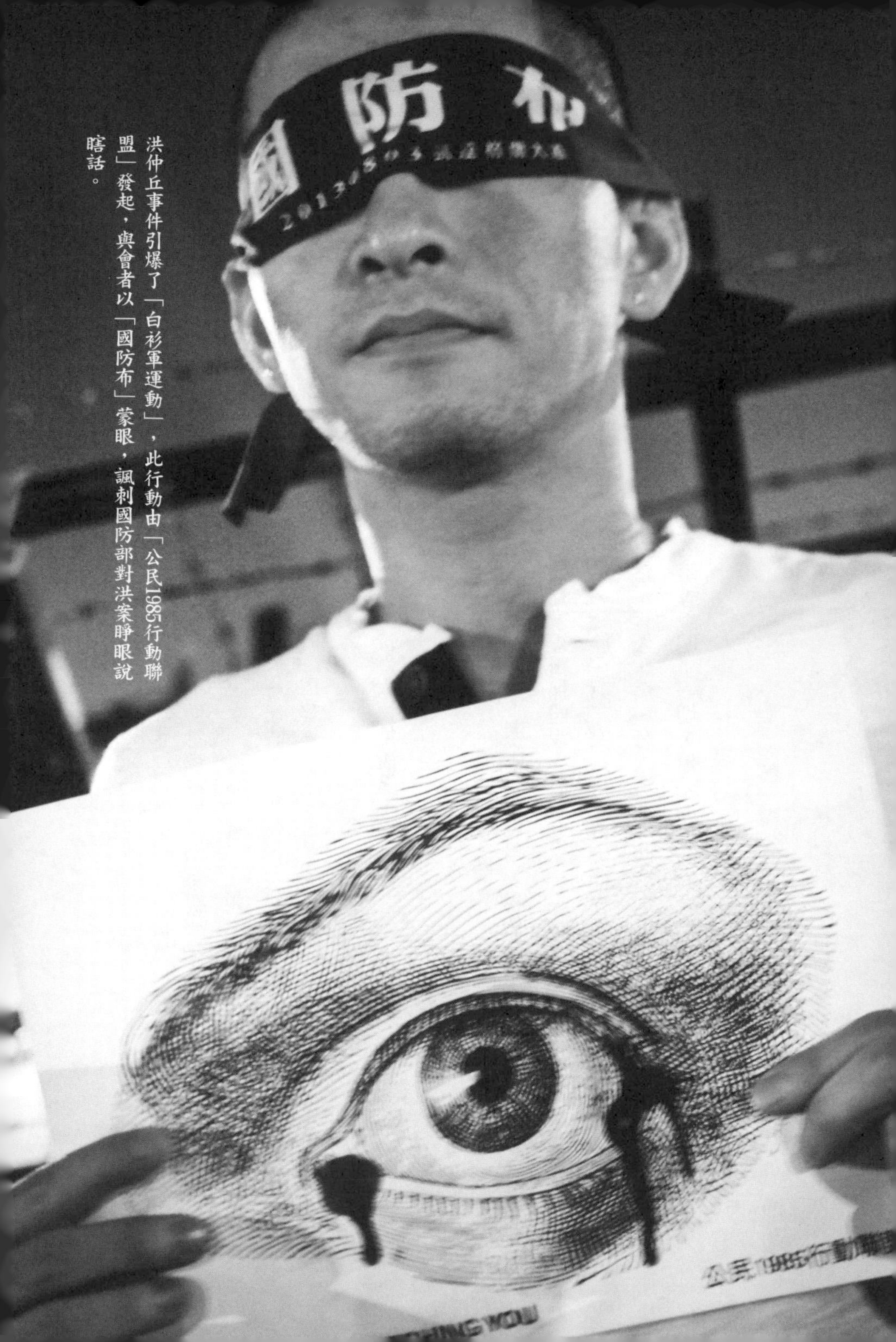

洪仲丘事件引爆了「白衫軍運動」，此行動由「公民1985行動聯盟」發起，與會者以「國防布」蒙眼，諷刺國防部對洪案睜眼說瞎話。

「哈哈，老師這叫活該嗎？」小華笑著講。

小麗也跟著附和：「一定要二十五萬人出現總統才甘願就對了。」

「這叫做『不見棺材不掉淚』啦！」阿南冷不防丟出這句，惹得全班哈哈大笑。這個班上公認最聰明的小子，平常吊兒郎當，但往往一句話就是神回應。

「各位同學，這件事如果叫『不見棺材不掉淚』，那我接下來要給各位看的，應該可以叫做『壽終正寢』了。」

太陽花學運

又稱三一八學運，指二〇一四年三月十八日起台灣的大學生和公民們佔領立法院的行動。三月十七日，國民黨立委張慶忠以三十秒時間宣布完成《海峽兩岸服務貿易協議》的委員會審查，引發學生反對，並於十八日在立法院外舉行晚會，晚會後有數百名學生趁員警不備，佔領立法院議場。外圍的支持群眾則由各個社會運動團體進行組織。由於馬政府冷處理的態度，三月二十三日晚間另一群示威者衝進鄰近的行政院，二十四日凌晨起陸續遭警方強制驅離，並引發流血衝突。

之後，抗議者號召民眾三月三十日至凱達格蘭大道遊行。媒體報導有五十萬人身穿黑上衣、手持太陽花走上街頭，稱為「黑潮」。

在立法院長王金平赴議場探視學生並做出承諾後，抗議者於四月十日和平退出議場。這次事件是中華民國歷史上國會議場首次遭到佔領。

我播放了一支MV，不是別的，正是為配合「三一八」反服貿太陽花學運，由社運樂團「滅火器」所創作的主題曲〈島嶼天光〉（Island's Sunrise）[44]，這支MV在YouTube上線以來點閱率超過兩百萬人次，並且在YouTube所統計二〇一四年度台灣熱門影片排行榜上，奪下選舉／社會事件影片點閱排行榜的冠軍。

「親愛的媽媽／請你毋通煩惱我／原諒我／行袂開跤／我欲去對抗袂當原諒的人
歹勢啦／愛人啊／袂當陪你去看電影／原諒我／行袂開跤／我欲去對抗欺負咱的人
天色漸漸光／咱就大聲來唱著歌／一直到希望的光線／照著島嶼每一個人
天色漸漸光／咱就大聲來唱著歌／日頭一（足百）上山／就會使轉去啦
現在是彼一工／勇敢的台灣人」

這真是一首聽完令人熱血沸騰的歌曲！搭配太陽花學運的畫面，有不公不義、有蛇籠、有盾牌、有噴水車，看著手無寸鐵的學生們，不畏艱難、不怕辛苦，可以困在斷水斷電的立法院、可以天冷下雨還露宿街頭，有勇氣、有淚水、有悲傷、有憤怒，難怪這支ＭＶ可以在三月三十日號召五十萬人走上街頭。

「跟各位講個小故事：在太陽花學運期間，很多大學都停課。當時有很多你們畢業的學長姐回學校看我，有一次有九個同學一起來，我問他們有去過立法院的請舉手，你們知道有幾位舉手嗎？八位。唯一沒有舉手的女生，有點不好意思地馬上跟我說：『老師，雖然我自己沒去，可是我男朋友有去，這樣我也算有默默支持啦！』」

「問各位一個問題，假設太陽花學運發生時，你們是大學生，這二十四天中你會親自去現場看的請舉手？」

「老師，你是說要睡在立法院，還是去看看就好？」芊芊舉手問。

「不用睡啦，只要有去現場都算，半天一天都無所謂。」

不意外，全班四十人幾乎都舉手，我數了數，只有五位同學沒舉。

「姍姍，妳沒有舉手，願不願意跟大家說說妳為什麼不去？我先澄清一下，去不代

44. 2014年3月29日，https://www.youtube.com/watch?v=iV8JDbtXZm4

表你們就一定對，很多事本來就沒有對錯，是吧各位同學？」為了避免少數同學被意見霸凌，隨時提醒同學多元思辨的彼此尊重，是老師常常要幫學生複習的功課。

「老師，其實我也想去，可是我爸媽早就跟我說不能去這種地方，要是被他們知道，我會完蛋。」姍姍本來就是一個很聽話的女孩子。

另一個沒舉手的阿翰也表示：「嗯，我媽說那些都是暴民，這些人根本都是違法！我如果敢去的話她要跟我斷絕母子關係。」

「也太誇張了吧，斷絕母子關係！？」坐他旁邊的阿南訝異地看著。

「是啊，而且我媽是很認真地跟我講。」阿翰無奈地聳聳肩。

「家家有本難念的經。其實阿翰媽媽說得也沒錯，林飛帆他們佔領立法院的確是違法行為。這跟洪仲丘白衫軍運動有些不同。」

惡法亦法／惡法非法

自古以來，在法學理論上一直存在著「惡法亦法」與「惡法非法」的爭論。所謂「惡法」，一般指的是立法機關所制定的法律，有不符合公平正義，甚至侵害到人民權益的法律。在憲政民主國家裡，一個內容極度不當的法律，人民是否應該遵守？換個角度講，如果每條法律都有人可以說它是「惡法」，主張不遵守，那麼既存的法律秩序是否會受到動搖？國家社會的安定性又如何維繫？

主張「惡法亦法」者認為即使惡法違反了公平正義，民主國家仍然有國會存在，立法機關可以透過三讀程序來修正或廢止法律，在法律未修改之前，人民必須守法，這一派論者強調形式上法安定性的價值，重視法律秩序的維護。

至於主張「惡法非法」者，則訴諸道德良心，當一個法律已經違反實質正義甚至侵害人權時，這時候根本不需遵守惡法，反而應積極行使「抵抗權」。「抵抗權」又稱「公民不服從」或「市民不服從」，是指人民基於政治道德良心，以促使法律、政府政策或社會弊端變更為目的，進行和平、非暴力的公開觸法行為。

公民不服從（civil disobedience）的概念，最早是由美國作家梭羅（Henry David Thoreau）所提出，一八四六年，梭羅為了反對當時美國奴隸制度以及侵略墨西哥的戰爭，以拒絕繳稅並隱居湖濱的方式，表明他的立場，並且因此入獄（只關了一天，第二天有人替他繳了稅款）。梭羅後來在〈論公民不服從的責任〉中提到，當政府的法令政策違反公平正義時，人民有權拒絕配合執行，改為依據自己的良心來行事。梭羅表示：「難道公民應該讓自己的良知屈從於統治者嗎？如果是這樣，那麼為什麼每個人還要有良知呢？我認為，我們首先是人，然後才是受統治者。」由此可見，對梭羅來說，「公民不服從」代表人民以良心監督國家的統治，以確保國家政策實現人民福祉，因此是公民重要的正當權利之一。

梭羅的思想影響了印度甘地的「不合作運動」，也影響了金恩博士所領導的美國黑人民權運動，成為近代「公民不服從」思想的起源。

美國政治哲學家羅爾斯進一步為「公民不服從」提出明確意涵：**公民不服從是指公開、非暴力且基於良知的違法行為，其目的在於促使政府改變不正義的政策與作為。**

「我剛剛說太陽花學運跟洪仲丘事件有些不同，是因為佔領立法院跟行政院已經是違法行為。根據媒體報導，**學運領袖林飛帆等一百一十一人，已經被台北地檢署依煽惑他人犯罪、妨害公務罪、侮辱公署罪、無故侵入他人建築物罪起訴。**[45]」

「所以，請問各位同學，根據定義，太陽花學運可不可以算是『公民不服從』？」

「算吧，因為國民黨強行通過兩岸服貿協議，根本不聽人民的意見。」一向很關心政治的小華回應我的提問。

「我也覺得算是『公民不服從』，他們已經簽了，也沒有考慮到對台灣的傷害，太惡劣了。」小麗忿忿不平地說。

「對啊，我爸說如果通過服貿，台灣就要變香港了啦！」芊芊也加入討論。

「太陽花算不算『公民不服從』，各界看法不一。我簡單幫各位整理一下，官方的立場認為：服貿協議還沒審查，也不一定會通過，所以此次抗議並不構成公民不服從條件。其他反對論點，也認為司法院大法官可以處理違憲爭議，並非毫無其他救濟管道。」

「話都他們自己講就好啦。」

「沒辦法，人家官大學問大。」

大家你一言我一語地批評著。

「當然，支持學運的論述也不少。有學者認為政府不遵守民主程序，公民透過和平非暴力手段表示反對，進而造成法秩序的短暫混亂，基於理想，以抗議行動提升到哲學層次道德位階，這就是正當化基礎，屬於阻卻違法事由。」

45.《自由時報》，2015年2月11日。

由於案件現在也才剛起訴，一時之間也很難有個答案。對高中生來說，我的重點其實是放在情感面，**我希望學生能體會跟他們年齡相仿的大學生及年輕人，究竟是怎樣的心情，會這樣夜夜守在立法院內外，他們心中的信念為何？**

於是，我播放了紀錄片《太陽．不遠 Sunflower Occupation》[46]的預告片：

「警察後退！國會是我們的！」無視眼前的警察，一群年輕人群起激昂試圖湧入國會，這是台灣繼一九九〇年野百合學運後，最大的一次學生運動。

「很想說服我的家人，讓他們相信我，相信我在做的事。」

「到底我們要抗爭到什麼時候……何時才能退場……」

「我覺得現在的我找不到目標，看不到未來……」

是什麼讓這些互不相識的青年學子們牽起彼此的手走上街頭？即使面對警察機關的驅離，他們仍展現堅毅不畏的勇氣？

儘管心中充滿不安與迷惘，但他們絕對要捍衛屬於自己的民主，絕不妥協！

「退回服貿、捍衛民主」！

播完以後，一陣靜默，我明顯可以看到同學眼神透露出的沉重。

再跟各位講一個故事：三一八學運那個晚上，我其實人也在現場，晚會結束後我就回家了。原本準備要睡了，結果看到朋友在臉書貼出佔領立法院的照片，然後說警察要來驅離了，呼籲大家過去幫忙。你們也知道我這個人是抗議咖，我當然馬上騎車趕過去。我還記得大概是半夜一兩點吧，那時候立法院已經進不去了，鎮暴警察已經待命，然而外面青島東路側門的地上坐滿了年輕人，更令人訝異的是，有更多的年輕人不知從哪冒出來，一群一群地往青島東路側門處集結，我估計應該有幾千人吧。我整晚沒有離開，警察也沒有任何動作。

按照街頭抗議的驅離準則，一個抗議者需要四個警察帶離。如果當晚只有立法院裡的幾百人，我相信一個晚上就可以全部驅離。但是，當外面聚集了數千人時，大半夜根本來不及調來上萬警力，最終只得放棄攻堅。等到隔天三月十九日大家都起床看到新聞，我當晚再去立法院時已有數萬民眾聚集，警方更不可能清場了。

這又是一個臉書／internet串連起來的社會運動，新世代的年輕人透過網路科技的運用，組織了這場浩大的太陽花學運。我們要討論的是，這種規模的動員究竟有沒有成效？它真能改變台灣的未來嗎？

二〇一四年十一月二十九日，九合一的市長／地方民代選舉，國民黨遭遇史上最大慘敗。如果用市長的得票來看，泛綠陣營（含台北市柯文哲）全國贏了一百八十萬

46. 2014年10月16日，https://www.youtube.com/watch?v=QLQdF43Sqoc

二〇一四年三月十八日至四月十日間，因抗議政府通過《海峽兩岸服務貿易協議》審查，台灣大學生與公民團體共同發起佔領立法院的「太陽花學運」，為繼一九九〇年野百合學運之後最大型的學生運動。

警察
POLICE

票，根本前所未見。光從指標台北市來看，無黨籍柯文哲以幾乎不可思議的八十五萬高票（百分之五七・一六）狂勝國民黨籍連勝文的六十萬票（百分之四十・八二）。至於像桃園市、新竹市這種本來國民黨穩贏的局面，最後也莫名其妙翻盤。投票日當天各地火車站都還擠滿返鄉投票的青年學子，**據ＰＴＴ鄉民的說法，他們也搞不清楚誰是鄭文燦、誰是林智堅，反正他們就是絕對不投國民黨候選人。**

所以，我們可以說，洪仲丘二十五萬白衫軍開啟了台灣新公民運動的型態，太陽花五十萬黑衫軍則承繼白衫軍的基礎，進一步啟發年輕人的公民參與意識。最後在年底的九合一選舉，這群網路世代透過實際投票，展現公民社會的政治能量，翻轉了台灣選舉。這就是社會運動的成功，它讓政治人物再也不敢小覷這種力量，也讓民主政治更進一步深化，這對台灣公民社會的形成，有絕對重要的貢獻。

課後作業

◎這一課，值得你認識的公民團體NGO：

公民1985行動聯盟／黑色島國青年陣線／島國前進

一、香港佔中運動（雨傘革命／雨傘運動）[47]

是指二〇一四年九月二十六日起在香港為爭取「真普選」而發起的一系列公民抗命，市民佔據多個主幹道靜坐及示威。運動由香港專上學生聯會（學聯）和學民思潮舉行的罷課集會所衍生，並逼使「讓愛與和平佔領中環」（和平佔中）提前於九月二十八日正式啟動。同日，示威者被防暴警察施放大量催淚彈驅散，警察更一度威脅開槍，結果激發強烈民憤，行動擴散到香港各地。佔領運動亦有不少市民反對，認為影響生活和經濟。佔領行動持續七十五日，十二月十一日警方在金鐘進行最後清場。

黃絲帶為此次抗爭運動的象徵物之一。另外一個象徵就是雨傘，為堅持「和平非暴力」原則，面對警方驅散行動時，絕大部分示威者沒有衝擊警方防線，而是以雨傘抵

47. http://zh.wikipedia.org/wiki/%E9%9B%A8%E5%82%98%E9%9D%A9%E5%91%BD

擋警方的胡椒噴霧。

二、**《文茜的世界周報／港警驅離不抵抗　犧牲自由為爭民主》**48

香港佔中事件將會長期影響香港，也影響北京和香港的關係。在港警進行清場以後，佔中運動是勝還是敗，每個人的解釋都不一樣……

一、請各組同學蒐集並閱讀相關資料，並討論香港雨傘運動算不算是「公民不服從」？為什麼？

二、有人說，香港佔中運動是受到台灣太陽花運動的啟發。還有一種觀點認為運動背後其實有經濟因素與中國因素，這點與太陽花運動是否類似？請各組同學分析比較，並於下次上課進行課堂報告。

後記

洪仲丘的白衫軍運動，開啟了台灣社會運動的新典範，沒有政黨動員、沒有政治人物參與，它真正做到理性和平，透過網路，讓許多未曾上過街頭的新面孔首次接觸到社會運動，並留下良好印象。

至於太陽花學運，我相信有參加的人也不見得每個都反對服貿協議，很多人可能也搞不清楚服貿的內容。但是，參與才有對話的開始。當你發現超過八成的大學生都去過青島東路、去過濟南路，這裡面還包括很多在外地念書的台北學子專程趕回來參加時，你就可以知道一件事：這個社會開始改變了。

以往上一代的長輩都會用台語跟我們講：「囝仔人有耳無嘴。」這句話背後

48. 2014年12月13日，https://www.youtube.com/watch?v=pv1aUHu_f0M

的意思就是在長時期戒嚴的白色恐怖底下，台灣人民已經習於畏懼當權者的統治，不要說言論自由，連最基本表達情緒的空間都不敢有，深怕白天講了什麼、晚上就被依匪諜罪被帶走，從此消失無蹤。至於中生代的、與我同年的，或稍長我一些的三四十歲世代，雖然早已解嚴，然而過去黨國體制的順民教育遺緒依然存在，我們從小的教育就是三民主義統一中國，早上升旗要向國旗暨國父遺像鞠躬，音樂課都要教唱國父紀念歌與總統蔣公紀念歌。被洗腦久了以後，雖然不至於害怕執政當局，但是對於社會運動仍存有暴力衝突的刻板印象，更深怕到了現場會被警方標記成異議分子，影響到個人將來的前途或仕途。**中生代是國家中堅分子，他們的冷漠，特別令人感到可悲且沮喪。**

還好，我們的下一代走出來了，當他們願意走向社會運動，改變的契機才會開始，也才會理解抗議背後深切的意涵。二〇一四年底的地方選舉結果，年輕人告訴我們，「青年翻轉政治」不但會實現，在未來很長一段日子，更會繼續影響我們國家前進的方向。

永續發展

第七堂／「山也BOT，海也BOT」之後

「如果我們能再回頭凝視大地，在她的豐美中感受敬畏與謙遜，這麼做對我們是有益且必要的。」

——瑞秋．卡森（Rachel Carson）

摘要

1 課程

外部成本／發展主義／資訊不良

2 新聞

廢核遊行全台串連／林義雄反核四無限期禁食／美麗灣渡假村BOT／北宜直鐵爭議

3 搭配閱讀

《寂靜的春天》，瑞秋．卡森（Rachel Carson）著，李文昭譯，晨星

4 影片

《正負2度C》／《看見台灣》

課堂

今天是這個學期第七堂公民課，我們要上的是「永續發展」。什麼是永續發展呢？聯合國的定義是這樣的：**「能滿足當代需求，同時不損及後代子孫滿足其本身需求的發展。」**相較於注重短期效益的經濟發展，永續發展是以更廣泛的角度來追求地球的整體發展，並考慮到未來的發展潛力，兼顧到世代內與跨世代的公平。

課堂一開始，我想跟同學討論一部陳文茜女士在二〇一〇年所籌拍的知名紀錄片**《正負2度C》**。各位可能曾在國中或國小課堂上看過這部片。為什麼要用「2度C」當片名呢？因為聯合國跨政府氣候小組（IPCC）認為，當全球暖化超過攝氏兩度，人類將面臨存亡的威脅；若溫度下降兩度，子孫便能存活。隨著全球暖化問題日益嚴重，二〇二〇年到二〇三七年，北極浮冰恐消失，海平面會上升六公尺。最可憐的是，台灣可能是氣候變遷下的第一批「氣候難民」。中央研究院的資訊告訴我們，當馬爾地夫成為世界上第一批沉沒的島嶼時，東石港、林邊、東港、麥寮也將成水鄉澤國。海平面如果繼續上升，台灣最繁榮的城市，蘭陽平原、台北盆地和高雄市也將淹沒。

關於減碳，台電官方說法是：「**核能在發電過程不會排放二氧化碳，用一個例子來說明，單單二〇一四年一整年，核能發電的減碳效益竟高達八萬八千座大安森林公園的減碳效果！**」難怪前中研院院長在二〇〇八年曾以中研院「環境與能源研究小組」召集人的身分表示，為了減碳，他支持續建核四。該小組並且對總統候選人提出《因應地球暖化台灣之能源政策》建言，要求「核四應照原訂計畫完工」。其理由是，燃煤是二氧化碳主要來源，二〇〇〇年時，燃煤佔總體能源百分之三十二，如果核四停建、我國無法取得替代能源，二〇二五年燃煤將佔總體能源百分之四十四，二氧化碳排放量比二〇〇〇年增加百分之六十。[49]

「話說回來，如果核四這麼好還可以減碳，為何會有那麼多人跳出來反對？這裡可是有八萬民眾在寒風大雨中反核的喔。」我邊講邊播放二〇一四年三月八日由「全國廢核行動平台」主辦的**《廢核遊行全台串連　台北場凱道晚會》**[50]新聞：

> 這個由一百二十六個公民團體組成的聯盟，北、中、南、東全台串連遊行，表達「全面廢核、面對核廢、終結核四、非核家園」的訴求。其中台北場還臨時來個佔領交通要道的十字路口，模擬發生核災時現場交通打結，人民根本無處可逃的慘況。

「告訴各位，這一年是因為天氣真的太差，不然前一年三月九日『終結核四，核電歸零』的遊行可是有二十二萬人走上街頭的呢！」

「哇！二十二萬耶！也太反核了吧！」最有正義感的小麗，聽到這麼多人站出來很是興奮。

「對啊，我爸媽也整天在家裡講反核，我家客廳還有一面反核旗。」芊芊也不甘示弱地表示。

「芊芊，妳爸媽也太酷了吧。」用一種崇拜的眼神望著，小美羨慕地說。

49. 《中國時報》，2008年2月19日。
50. 《公視晚間新聞》，2014年3月8日，https://www.youtube.com/watch?v=lgD9FO5qstE

在日本311福島核災之後，台灣反核人數漸增，「反核，不要再有下一個福島」是最為人熟知的反核旗幟標語。

反
不要

「唉唷，高三303班教室外面就有掛啊！」小華指向對面第一棟樓的高三教室說。

「對吼，遠遠看就有夠明顯的。」

「我家樓下的咖啡店門口也有掛。」

一講到反核，我看同學們真的是興高采烈的，一副環保鬥士的樣子。

「可是老師剛剛有提到核四可以減碳啊？」看來姍姍有認真聽講，「老師，我好像聽過一個說法，核能發電的成本是最便宜的，是嗎？」姍姍再次展現她理性求知的精神。

「根據台電公司的官方資料，一〇二年火力發電量佔比達百分之七十五．二，再生能源加上水力佔比為百分之四．五，核能為百分之十八．八。目前核電每度的發電成本是新台幣〇．九六元，相較於最大宗的火力發電每度要二．七四元，帳面上的確很省。而且火力發電還會製造大量二氧化碳，台灣的二氧化碳人均排放量已經位居世界前二十名，火力發電絕對不可行。」

「那再生能源呢？再生能源不會排碳啊。」小麗向來關心環保，她急切地問著。

「再生能源很讚啊，只不過量很少、而且很貴。水力發電一．五四元、風力發電三．四八元、太陽能十．一四元。但是別忘了台灣缺水，所以水力發電不適合；然後風力發電有季節性，夏天沒風，而且風力發電機的設置會影響居民與生態環境，最有名的例子就是苗栗**『苑裡反瘋車自救會』**，政府為了多蓋陸地上的風車，結果使風車設置越來越靠近住宅區，自救會擔憂噪音影響居民健康，而且風車每一台都那麼大，葉片轉呀轉的，什麼時候會掉下來也沒人知道。」

純粹就發電成本與節能減碳效益來看，核能發電絕對是首選，不過這裡面少了一個成本沒算進來，形成了「市場失靈」，我有必要在此還原給學生看。

外部成本（external cost）

又稱「負的外部性」或「外部不經濟」，是指經濟個體所產生的經濟行為過程中，對於不相干的第三者產生負面的影響。換句話說，行為者所產生的成本，有一部分是由別人無償來負擔，一般常見的外部成本就是公害問題。

《咖啡店老闆娘設計反核旗　全台萬面飄揚》[51]

我拿出一面反核旗，上面寫著「**反核，不要再有下一個福島**」，這是一位咖啡店老闆娘阿發小姐所設計的旗幟，她比喻台灣就像一艘船，供電的核能廠如果出了問題，船上所有人

51.《壹電視》，2013年3月6日，https://www.youtube.com/watch?v=cZlryHEKFdg

都無法倖免於難。

設計者超越政治立場，原本只是希望給台灣一個溫柔而堅強的祝福，結果引發各界搶購搶掛風潮，連外國觀光客來台灣都在忙著詢問，這面旗現在已經是整個反核界的國旗了！

「二〇一一年三月十一日，日本宮城縣東方外海發生的規模九．〇級地震、與緊接引起的海嘯，造成福島第一核電廠的一系列設備損毀、爐心熔毀、輻射釋放等災難，是一九八六年烏克蘭車諾比核電廠事故以來最嚴重的核災。福島，就是核能發電的外部成本，也是整個問題所在。」

為了讓學生可以身歷其境、感受外部成本殘酷的一面，究竟是多麼悽慘的環境，岩手、宮城、福島三個重災區至今仍有三十一萬人回不了家，只得擠在政府提供的組合屋裡，我播放**《文茜的世界周報——深入福島核電廠　景象怵目驚心》**[52]：

因為一場地震引發而來的海嘯，當時沒有人知道這將帶給日本一連串的重大災難……

在福島核災兩週年後，日本NHK電視台記者實地回到當初事變現場，透過鏡頭，我們看見，原本繁榮的社區現在如同鬼城一般，路上盡是荒涼與頹圮，至今傷害仍持續著……

工人們為了善後，終日得全副武裝，避免輻射汙染到自身安全，未來也許要花上四十年的時間來處理輻射汙水和廢棄燃料問題，然而，經歷過這場災難的人民所遺留的精神創傷又需要多少時間才能復原呢？

雖然日本政府也承認，福島核災對人類生存和環境安全，已經造成難以估計的影響，但是考量國家長久的發展，核電廠的存廢仍舊沒有一個定論。

「核災真的好可怕！我不要核四。」

「不只核四，核一核二核三我都不要！」

「無家可歸的居民真的很可憐……」

「拜託，那些還在核電廠裡面的工人更可憐啊！」

怵目驚心的景象透過畫面直接傳遞，的確深刻地烙印在學生的腦海裡。

「福島核災對台灣的衝擊很大，因為台灣跟日本一樣都是海島國家，也都位在頻繁的地震帶上，如果處事嚴謹的日本人都會發生這樣的災變，誰敢保證台灣的核電廠

52. 2013年3月9日，https://www.youtube.com/watch?v=ObMsBGHo8Zs

一定安全？」

「有啊！政府啊！」阿南冷不防地冒出這句話，「啊就『利大於弊』啊！」

「先不管政府的立場。至少前院長立場是轉變了，他在二〇一三年開始表態反核，說核四從當初建造決策就有問題，不管再花多少錢也無法解決，而且人類無法解決核廢料問題，因此它反對核四續建，也主張核一、核二及核三電廠不能再延役。」

林義雄反核四無限期禁食行動

美麗島事件受刑人、前民進黨主席林義雄於二〇一四年四月二十二日，為訴求停建核四，宣布在台灣長老教會義光教會（一九八〇年二月二十八日林宅滅門血案發生地）進行無限期禁食抗議。由於太陽花學運才剛落幕，公民力量正沸騰，加上林義雄個人的道德情操、以及視死如歸的意志，行動引起政界與反核運動波瀾，各界聲援不斷。在各方壓力之下，馬英九政府於四月二十七日做成「**核四一號機不施工、只安檢，安檢後封存；核四二號機全部停工**」決議。四月三十日，林義雄發表公開信宣布停止禁食。

「核四現在已經封存了，未來前途如何，就看未來台灣的民意囉！不過，若是用台

二〇一五年三月，反核遊行現場。

北市長柯文哲的話來說，『決策錯誤比貪汙更嚴重』，就算已經花了三千億蓋核四，為了不要滅國，還是應該『認賠殺出』。」

外部成本的危害，很多時候是長期緩慢不易察覺的過程，最後卻要由無辜的百姓與後代子孫來承擔。相形之下，「發展主義」至上的思維，卻可以在短時間內創造明顯的經濟效益，所以我們看到從中央到地方政府一味擁抱粗糙的發展主義，促使財團不斷地開發、建設、再開發、再建設，創造出一條條穿越山林水脈的橋梁道路，農田上拔起一棟棟龐大的鋼筋水泥怪獸，表面上看似大量觀光人口湧入增加的就業機會，實際上是傷害了居民自身生存的環境，財團口袋賺飽飽的同時，卻也毀了台灣邁向永續發展的道路。

美麗灣渡假村ＢＯＴ

二〇〇四年，美麗灣渡假村和台東縣政府簽訂五十年的ＢＯＴ契約，預計開發六公頃渡假村，隔年美麗灣卻以免做環評的0.9997公頃進行飯店主體開發。在取得建照、飯店即將興建完工後，於二〇〇六年提出擴大開發的要求，被環保團體質疑規避環評。環保團體針對一公頃和六公頃的開發分別對台東縣政府提出停工和撤銷環評的行政訴訟，一路勝訴。然台東縣政府堅持繼續開發，因此屢次引發各界爭議。

我播放了東森新聞所製播的《搶救東海岸淨土　美麗灣事件專題報導》[53]**，透過實地採訪畫面，讓學生思考，為什麼連這些平常不輕易政治表態的名人們，比方張惠妹、五月天、林懷民、嚴長壽等，也紛紛投入這場美麗灣的抗爭活動？**

他們願意暫時放下手邊工作，在台東、台北來回奔波著，這裡面是不是有什麼價值是非要守護不可的？有的，是愛與價值吧！面對地方政府與財團完全不理環評，眼睜睜看著家園被毀，誰能接受？

試想如果有一天，想看海還要買票進場，那是何等荒謬的畫面？這場抗爭，是東海岸住民作自己的主人，讓不同的族群與世代，共同享有海天美景與多元的文化價值。就像旁白所述：**經濟發展，該不該犧牲土地的未來？能不能有一絲妥協？答案就像彩虹，七彩喧囂，但如此美景，卻是唯一。**

真實紀錄的影片是感人的，尤其讓這些台北小孩看看原住民部落被破壞的畫面，學

53. 2012年7月15日，https://www.youtube.com/watch?v=LQFLdlfgK5k

生的眼神告訴我，他們的同理心已經被激發出來了。

「美麗灣ＢＯＴ案代表的是『現代化』與『發展主義』的典型想像，所謂ＢＯＴ就是Build－Operate－Transfer三階段，政府把土地標給財團，政府獲得權利金、當地民眾得到就業機會，營運五十年後再把土地跟飯店歸還給政府。各位怎麼看這個爭議？」

「海是大家的，為什麼要獨厚蓋飯店這些人？這不公平。」小麗忿忿不平地說。

小華也不滿地說：「沒有環評就直接圍沙灘蓋飯店，根本是『霸王硬上弓』！太野蠻了。」

「而且台東縣政府還不顧法院判決，哪有人這樣的！」芊芊也說出自己的看法。

「可是別忘了，也是有當地居民期待渡假村可以帶來一百多個就業機會啊，周圍那些土地也可以賣個好價錢喔！還有一點，美麗灣公司曾說如果最後無法營運，他們要向台東縣政府求償十一億國賠，換算下來，每位台東縣民要負擔五千元，這對中低收入戶比率偏高的台東縣來說，是相當沉重的負擔。」既然是公民思辨課程，就不能讓議題過度偏向其中一方，我試著提供開發方觀點。

「如果只是為了一百多個就業機會，就要犧牲五十年的海洋沙灘，這代價未免太大！」小麗還是氣憤難耐。

「是啊，台東縣政府如果連一百個就業都搞不定，那就下台換人做比較快。」小華更是直接吐槽。

「賠就賠啊，錯誤的政策比貪汙更可怕，誰叫政府不環評？」注意到環評程序，芊芊今天似乎比起以往還認真些。

「ＢＯＴ都圖利啦，就像台北遠雄大巨蛋一樣。」扯到台北，看得出來阿南有在關心時事。

「當初ＢＯＴ的好處就是政府免出資，又可以增加經濟發展啊！純粹就理論上來看是這樣。」我再次幫ＢＯＴ澄清。

「老師，這個美麗灣好像電影《海角七號》喔，裡面也有提到ＢＯＴ啊？」姍姍問。

「哈，是『山也ＢＯＴ、海也ＢＯＴ』那句話吧。」旁邊的小麗露出「我懂」的表情，說出電影台詞。

馬如龍在《海角七號》中，飾演鎮民代表會主席，站在飯店的落地玻璃窗前，看淨白的沙灘與藍天碧海，感慨地說了最經典的一句話：「飯店也ＢＯＴ，山也要

BOT，現在連海也要BOT！」

既然提到《海角七號》那個被BOT掉的夏都海灘，我隨即播放一則新聞**《五個海灘全要BOT　墾丁海灘成私人灘》**[54]，凸顯政府為了權利金，放任BOT在墾丁肆虐的情形。夏都酒店BOT案，於二〇〇四年有條件通過環評，附帶決議為民眾可自由進出海岸沙灘。根據新聞報導，夏都在二〇〇六年底拆除所有人工圍籬設施，全面開放大灣沿海沙灘自由進出。

但是當記者假扮民眾要進入沙灘時，卻發現根本不得其門而入，被警衛擋在夏都門口。反而得繞一大圈、走過崎嶇小徑、外面沒有任何指示標誌，不是內行人指點，外來者根本不會知道有這條開放之路。除此之外，飯店還在沙灘上立了告示牌：**「非房客請勿進入使用」**，讓不知情的民眾摸摸鼻子離開。

跟各位坦承，夏都我也有住過幾次，以房間裝潢等級來講，房價算很貴的，他們賣貴的理由就是這個「偽私人沙灘」。實際情況就像新聞裡講的，小動作不斷，連當地導遊都告訴我，夏都就是這樣皮皮的，反正環評跟BOT都成了，你奈我何？一個屬於全民的公共海灘被形式上據為己有，而我們的主管單位卻放任無能為力改善，大家看《海角七號》電影，笑的是公權力的不彰，哭的卻是恆春人的悲哀。

「夏都也太過分了吧！哪有人這樣玩的！」

「問題出在政府吧，幹嘛全部都要ＢＯＴ？」

「這是官商勾結嗎？」

學生討論的這些問題，我無法回答。**我跟學生一樣納悶。為何我們的政府總是會與財團簽出令人匪夷所思的不平等合約？**現在又不是清朝末年，也沒有列強割據啊。

發展主義或許真是政客籠絡人心的最快捷徑吧？不過從另一個角度來看，台灣的經濟發展數十年來一直重北輕南忽略東部，整個國家資源的配置相當不公平，對偏鄉地區居民來說，財團直接進駐與投資似乎是一個可以直接改善居民生活的好方法，至於永續發展，恐怕比不上先填飽肚子來得重要。

「國家的施政錯誤，使得偏鄉居民寧可犧牲家園未來也要財團立即開發，這實在是令人感傷的局面啊！」就像接下來要播的這則新聞一樣。

54. 《中天新聞》，2012年8月6日，https://www.youtube.com/watch?v=Lr8JbSfei80

《橫切水庫線！柯P北宜「直鐵說」掀爭議》[55]

還在審查階段的北宜直鐵，在台北市長當選人柯文哲贊成走最短距離穿越翡翠水庫後，引發爭議。環保團體馬上跳出來反對，直言鐵路如果穿越翡翠水庫，會影響到集水區的環境，加上興建過程中，產生很多土石，如果沒有妥善處理，會嚴重影響民眾飲水健康。

對市長來說，穿越水庫可以多省八分鐘時間成本，但是真正的問題是：「為何要蓋北宜直鐵？」其實現有連接東部的交通要道，包括雪山隧道、北迴鐵路等，已經足以應付當地居民通勤需求，所以疏通大量前往東部旅遊的外來觀光客才是北宜直鐵真正的目標。但是，**一個願意多花錢消費的觀光客，比一群消費水準低的觀光客還有效益**。大量旅客湧入，反而會影響該地生活和休閒品質，這豈不是本末倒置？**我們是否需要為了觀光客蓋一條鐵路，而犧牲自然環境、土地和生物多樣性？一旦失去，就回不來了**。[56]

一九六二年，美國知名環保作家瑞秋・卡森（Rachel Carson）女士發表代表作《寂靜的春天》，指出濫用殺蟲劑（DDT）的結果，傷害許多生命，影響了自然生

57. 2013年9月28日，https://www.youtube.com/watch?v=PdYoMupcDQE&list=PL-6rUS_SjVzTslgChi-4sSjjjlYlmLXOl

態。雖然遭受許多批評攻擊，卻使得當時的甘迺迪總統下令調查，最後國會終於立法禁止DDT使用，這是環境保育史上的一大里程碑。

書中有一段發人深省的文字，我特別引用，希望學生可以好好思考：**「如果人類因為技術的進步對環境帶來無以復原的傷害，那麼人類追求進步與美好的生活的意義何在？」**

課後作業

◎這一課，值得你認識的公民團體NGO：

全國廢核行動平台／地球公民基金會／台灣綠色酷兒協會／不要核四、五六運動

《中天的夢想驛站／天空追夢終不悔　齊柏林「看見台灣」》[57]

55. 《東森新聞》，2014年12月8日，https://www.youtube.com/watch?x-yt-cl=84924572&v=bRpXmJVDsjw&x-yt-ts=1422411861#t=32
56. 《聯合新聞網》，2014年12月8日。

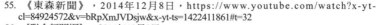

《看見台灣》是由台灣空拍攝影師齊柏林執導的一部紀錄片，並榮獲二〇一三年第五十屆金馬獎最佳紀錄片獎。透過高空鏡頭，導演帶觀眾看見高山台灣以及海洋台灣，我們看見台灣是如此美麗，但也看到各種環境面對人們的開發而造成的改變、破壞和傷害。土地累積了一道道的疤痕、海洋沉澱了一層層的汙染。透過各個不同主題章節的串連，我們化作飛鳥，一起看見台灣，一起去看這個島嶼的美麗與哀愁。

一、《看見台灣》不但喚起台灣人對土地的重視，還意外揭發清境農場違建、高雄日月光公司K7廠排放致癌廢水到後勁溪的惡行。行政院並於二〇一三年十一月成立「國土保育專案小組」。除了上述兩案，請各組同學看過影片並討論裡面還有什麼破壞案是我們可以監督或制止的？

二、就你們所學所接觸，台灣還有哪些永續發展課題值得關注？請各組同學利用課餘時間訪查相關社區或公民團體，並提出你們的建議改進方案，為你我的家園盡一份心力。

後記

根據工研院與英國政府合作建構的「台灣二〇五〇能源供需情境模擬器」，假設ＧＤＰ成長率維持在百分之三．一四，而節能措施採用「前瞻情境」（Level 3），例如：立法禁止傳統燈具銷售、淘汰後改用ＬＥＤ照明等，二〇一五至二〇二五年間，台灣每年用電需求成長率將降至百分之一．〇七，遠低於台電預估的百分之一．七五。這個百分之一．〇七代表什麼意思呢？代表即使沒有任何一座核電廠，台電備用容量率幾乎都能維持在百分之十五以上，不至於有限電危機。換句話說，「**沒有核電，也不會缺電**[58]」！

可是由於「資訊不良」或「資訊不對稱」，官方為了特定目的，有意或者刻

58. 《新新聞》第1455期，2015年1月21日，頁70。

意隱瞞資訊，造成民眾因為不知而聽命政府行事。核四爭議已紛紛擾擾三十年，隨著資訊揭露越來越多，民眾自覺逐漸提升，才發現有這麼多問題被蒙在鼓裡。不說別的，光是核廢料的處理，總統敢放在總統府裡面嗎？敢睡在核廢料上頭嗎？如果主政者自己都沒辦法說服自己，憑什麼要人民為政府送死？

追求經濟高度成長與產業競爭力，長期以來一直是各國政府與企業致力追求的目標。但是這種發展主義模式一向輕忽公害汙染與環境負載力，加上「資訊不良」的限制，無辜的受害者往往得經過數年甚至數十年，才會發現開發的代價如此沉重。**請問：大人們憑什麼為了滿足自身利益而傷害後代子孫的生存權益？**我期待透過這堂課，讓下一代的學生了解，各地都有環境惡人在傷害他們的家園，「永續發展」不是紙上談兵，如何身體力行、維護公義，正是我們教育的目的啊！

民主參政

第八堂／接下來就是我們的事了

「接下來就是你們的事了。」

——鄭南榕

摘要

1 課程

罷免權／公民投票／選舉權

2 新聞

立法院滿意度只剩9％／割闌尾罷免蔡正元失敗／青年佔領政治　訴求選制改革

3 搭配閱讀

《剩下就是你們的事了：行動思想家鄭南榕》，鄭南榕基金會策劃，書林

《百年追求：臺灣民主運動的故事（三冊套書）》，陳翠蓮，吳乃德，胡慧玲合著，衛城

4 影片

《牽阮的手》

課堂

今天是這個學期第八堂公民課，我們要來談「民主參政」，要建構一個民主的社會，首要就是言論自由，唯有受到充分保障的言論自由，才可能保障其他的自由。在這裡，我要為大家介紹一位為**「爭取百分之百言論自由」**而犧牲生命的烈士——鄭南榕。

鄭南榕（一九四七年九月十二日—一九八九年四月七日）

一生篤信自由主義，是台灣著名的「行動思想家」，曾多次發起支持民主化的街頭示威活動，同時也是《自由時代週刊》的創辦人。一九八八年十二月十日「世界人權日」，《自由時代》刊登「台灣共和國新憲法草案」，隔年一月二十一日收到「涉嫌叛亂」的法院傳票，他為了堅持百分之百言論自由，誓言「**國民黨捉不到我的人，只捉得到我的屍體**」，一月二十六日起開始自囚於雜誌社總編輯室內。一九八九年四月七日，國民黨軍警荷槍實彈強行攻打雜誌社，鄭南榕拒絕拘捕，並以預先準備的汽油引火自焚殉道。

《敬你——鄭南榕殉難廿五周年紀念》[59]

在董事長樂團〈最後一杯酒〉哀傷的背景音樂下，影片裡呈現出來的鄭南榕，卻是用自信而光榮的姿態，大聲說出「**我叫鄭南榕，我主張台灣獨立**」！

就像字幕所說：當你為了千萬台灣子民，化做一隻火鳳凰、帶著光榮又驕傲的笑容飛向台灣的天際時，猶記你只爽朗地留下一句「**接下來，就是你們的事了**」！

這樣的鄭南榕，是如此從容而自信，是一個身為台灣人的自信。

「你們現在也許很難想像，只是喊個台灣獨立就要以叛亂罪送辦，這在未修改前的刑法第一百條，最重可判無期徒刑！想想看，你或你的朋友有人主張台獨的嗎？」同學們一致指向阿雄：「老師，阿雄每天都在講台獨建國啊！」

「哇，阿雄我看你書不用念了，你可能得關一輩子喔。」我開玩笑地說。

阿雄露出尷尬表情，其他人又繼續講：「那阿南也不用念了，他也主張台獨。」班上頓時冒出好幾個台獨烈士。

「時代的轉變難以想像，我們今天可以在這裡嘻嘻哈哈談論台獨，都是前人用生命捍衛的結果，沒有他們的犧牲，哪來今天的民主自由？」

氣氛突然又嚴肅起來。我接著講：「在自囚期間，當鄭南榕的太太葉菊蘭女士問她跟女兒怎麼辦，鄭南榕堅定地回答：『**接下來就是你們的事了。**』這不只是對葉女士說，也是對所有的台灣人說。」

鄭南榕的力量如此巨大，民主的進程至此加快腳步，一九九〇年三月十六至二十二日間，學生們在中正紀念堂發起「野百合運動」，要求執政當局民主改革。同年六

59. 2014年4月6日，https://www.youtube.com/watch?v=8MQ2vosT5wc

鄭南榕一生主張台灣獨立與言論自由，一九八九年四月七日清晨，他在警方嘗試拘提時自焚身亡。

月二十八日，李登輝總統肯定學生訴求，廣邀民進黨、無黨籍與社會公正人士，共同召開「國是會議」。一九九一年五月一日，公布廢止《動員戡亂時期臨時條款》，同年底首次中央民意代表全面改選，終止「萬年國會」。其後一直到二〇〇五年，期間總共推動了七次的修憲工程，初步完善了我國的民主憲政制度。

「現在已經是二〇一五年了，我們來看看台灣的民主政治表現如何？」我拿出《天下雜誌》，這裡面有一個二〇一四年十二月關於國會的民調，不過我先賣個關子，用同樣的題目來做個班上民調：「假設你是受訪民眾，請問『你對目前國會（立法院）的表現滿不滿意？』你有三個選項，滿意、不滿意、不知道或拒答。」

民調結果，雖然不意外，但也出乎意料：四十個同學有三十五個不滿意立法院，五個選擇不知道，滿意的竟然是零！

「你們也太不給立法院面子了，天下雜誌抽樣訪問台灣一千零八十二位滿二十歲的成人，其中滿意立法院的僅有百分之九．三，有高達百分之八十一．五的人選擇不滿意。奇怪，我們的國會真的有那麼爛嗎？[60]」

小周不屑地說：「拜託，每天都在吵架罵來罵去，請問他們是有做什麼事啦。」

「立委好像很爽，根本沒在開會。」一向很有主見的小華也笑著接話。

「有做事啦，我們淡水的立委都帶小三開賓館。」阿南又丟出一句神回應，旁邊幾個男生哈哈大笑。

「老師，我看新聞說立委薪水很高，還可以免費出國，是嗎？」姍姍問了一個好問題。

「立委薪水比照部長級待遇，不過他們還有交通費、電話費、文具費、國外考察、住宿補貼等等，一年是八百七十萬左右，扣掉國會助理的薪水，應該還有四百六十萬，平均一個月是三十八萬。」

「靠！也太爽吧！我也要當立委！」

「難怪政治人物都搶著要選，根本肥缺。」

更爽的還在後面，我國《憲法》第十七條規定：「人民有選舉、罷免、創制及複決之權。」第一三三條並明定：「被選舉人得由原選舉區依法罷免之。」依《公職人員選舉罷免法》，人民如果不滿意選出的公職人員，只要就職滿一年就可以行使罷免權。聽起來好像很簡單，可是台灣從未有政治人物被罷免成功，甚至二十年來從沒有舉辦過罷免投票。不知該感到光榮還是羞恥，台灣竟擁有全世界最高門檻的罷

60. 《天下雜誌》564期，2015年1月7日。

免制度！

《蔡正元五萬連署書達標！割闌尾打卡送件》61

為了罷免港湖區立委蔡正元，一群由網路鄉民組成的「割闌尾計畫」團隊，整理到凌晨五點，在完全沒有睡覺的情況下，把一箱一箱五萬多份的連署書送到台北市選委會，他們大聲說出「正元不送，一路好走」！

「『割闌尾』，是在太陽花學運後期，由一群上班族、年輕人成立的網路組織，割闌尾是取『割爛立委』的諧音，他們口號很有哏，『可割可棄、利大於弊』。」

「就像新聞裡所說的，《選罷法》規定，罷免立委應先募集該選區百分之二提議書（第一階段）、接著需募集百分之十三連署書（第二階段）才能成案，這裡面提議者跟連署者不能重複。換句話說，一個罷免案要成案至少要有該選舉區百分之十五的選民出面支持，以港湖區為例，至少要有四萬八千人願意站出來，你們不要以為這些人很好找，光要留下身分證字號與戶籍地址等個人隱私資料，就是一大難題，投票可以不記名，但是罷免連署是要具名的，誰敢保證將來不會被秋後算帳呢？而且法定連署期間只有三十天，過去多少英雄好漢都在連署書這關失敗，最有名例子就屬由馮光遠、黃國昌等人擔任志工的『憲法133實踐聯盟』，在二〇一四年初為了罷免淡水區立委吳育昇，最後僅差一千六百八十六份連署書而功敗垂成。」

「憲法說人民有罷免權根本是說假的啊！」阿南冷不防冒出這句話。

同意票比率逾97％　罷免蔡正元仍失敗[62]

國民黨立委蔡正元罷免案，有七萬六千七百三十七票同意罷免蔡正元，僅有二千一百九十六票不同意，同意票比率高達百分之九十七·二二，但依法至少要有選舉人數過半的十五萬八千七百一十七人投票，罷免案才有效。這次投票人數只有七萬九千三百零三人，投票率百分之二十四·九八未過門檻，罷免案功敗垂成。

「這根本不令人意外！如果你們知道《選罷法》規定『罷免不得與其他選舉一起投票』，要單獨舉行，目的就是要拉低投票率。更好笑的是，還規定『罷免案之進

61. 《東森新聞》，2014年12月15日，https://www.youtube.com/watch?v=WKo3tmiwvUw
62. 《自由時報》，2015年2月15日。

行，除徵求連署之必要活動外，不得有罷免或阻止罷免之宣傳活動』，違者可處十萬至一百萬元罰鍰。罷免會過才真的是天降奇蹟。」

「真的ㄟ，第一次聽到投票不能宣傳的。」小華有點訝異。

「超瞎的！」小周嘆了一大口氣。

小華露出不解的神情：「老師，這個全世界最難罷免規定難道不能修改嗎？」

「當然可以改啊，我國罷免規定是寫在《選罷法》裡，只要立法院三讀修正，隨時都可以改！」

「那為什麼立法院都不改？」小華繼續追問，一副求知若渴的樣子。

「道理很簡單，如果你是立委，你會希望自己被罷免嗎？你希望罷免案越容易還是越困難好？」

「……當然是越困難越好啊。」好像一副很簡單卻沒想通的道理，小華一時語塞。

「所以囉！為什麼台灣可以擁有全世界最高的罷免門檻，這樣清楚了吧！」

一九九四年以前　罷免門檻是三分之一

一九九四年反核團體發起罷免林志嘉等四名擁核立委，並在九月完成第二階段連署且送件。原本罷免投票會與當年底的省市長選舉一起舉行，沒想到國民黨在立法院一開議就修改《選罷法》，不僅提高提案、連署門檻，並將第三階段罷免投票門檻，從投票人數的三分之一提高到二分之一，而且還限制罷免投票不得和其他選舉一起舉行。

除了《選罷法》的高罷免門檻，「鳥籠公投」也是亟待補正的議題，我播放一則新聞**《還政於民！四團體號召410重返立院》**[63]，由「人民作主」、「公民1985」、「割闌尾」、「島國前進」等四個公民團體組成的「410還權於民工作小組」，推舉林義雄擔任榮譽召集人，訴求補正《公投法》、修改《選罷法》，並要求立法委員表態是否願把權力還給人民。

公民投票

《憲法》規定人民所擁有的選舉、罷免、創制、複決四項參政權中，前面兩種是對「人」的權利，後面兩種則是對「事」的權利。人民行使選舉權，選出代議士為民喉舌，但是由於無法直接參與政治決定，容易形成國會的專斷或立法怠惰，因此需要公民投票這種「直接民主」的形式來彌補代議政治「間接民主」的不足。

63. 《三立新聞》，2015年1月18日，https://www.youtube.com/watch?v=pySu4i0v0Wc

人民可以透過「創制權」直接制定政策與法律，透過「複決權」決定政策和法律的存廢，真正落實直接民主。

「台灣自二〇〇三年正式施行『公民投票法』以來，一共舉辦過六次的全國性公投加上一次高雄的地方性公投，七次都是否決，理由都只因為一個：投票率未過半。這裡面很怪的是，比方有一個『台灣加入聯合國』的公投案，即便同意票高達百分之九十四．〇一，而不同意票僅有百分之五．九九，由於投票率未達百分之五十，造成了台灣人民否決台灣加入聯合國的荒謬結果。」

我引用「島國前進」官網上的說明，來向同學們解釋什麼是「鳥籠公投法」的三大鐵欄杆：

鐵欄杆一：比總統選舉還嚴格的人民提案門檻

《公投法》規定，人民提案時要最近一次總統、副總統選舉選舉人（約一千八百萬人）總數千分之五的提案人提案（約九萬人），經審查後，才能進入第二階段的連署，連署門檻要選舉人總數百分之五的連署人（約九十萬人）參與連署才能啟動公民投票。反觀總統和副總統選舉，沒有黨派的獨立參選人，只要有選舉人數的百分之一．五連署支持即可。

如同罷免案，要民眾當面留下個人資料，個資洩漏與秋後算帳的心理壓力都是難題。附帶說明，前面所提的六次全國性公投，其實都是依《公投法》第十七條：「當國家遭受外力威脅，致國家主權有改變之虞，總統得經行政院院會之決議，就攸關國家安全事項，交付公民投票」，就是俗稱的「防禦性公投」，這種公投根本不需要經過人民提案程序，這也不盡然符合公投由下而上的精神。

鐵欄杆二：難如登天的雙重百分之五十投票門檻限制

依照《公投法》規定，要超過百分之五十的選舉權人去投票，也就是至少要有九百萬人出來投票，然後投票的人又要有超過百分之五十的人投同意票，才能算「同意」，否則提案一律當作「否決」。

在如此嚴苛的限制下，我國歷來六次全國性公投都被否決。

鐵欄杆三：球員兼裁判的公審會提案控管

我國在《公投法》的門檻通過之後，另外又設置一個「公投審議委員會」，可以直接對於提案的內容審議。政府機關竟然握有對內容實質審查的權力，實質的「球員兼裁判」。

舉個實際案例來說，行政院公投審議委員會曾駁回環保團體所提核四公投案，理由是公投主文「**你是否同意新北市台電公司核能四廠進行裝填核燃料棒試運轉？**」可能會讓民眾認為要同意裝燃料棒試運轉，但理由書卻提出會造成環境汙染等問題，公投主文與理由之間有語意不清、模糊、相互矛盾之處，因此駁回。[64]

姑且不論公審會見解為何，光是十三名委員（二十一名委員，十四人出席，主委未投票）就能否決十二萬提案人的民意這點，就足以令人感到極度詫異。公民投票本是直接民主的展現，如今竟有一個太上皇機關公審會進行言論思想的審查，根本與民主潮流背道而馳。

「講了那麼多，各位是否認同公民團體的批評，還是覺得現行《公投法》其實不用修改？」我給同學們討論三分鐘。

阿雄這一組首先舉手發言：「我們完全同意這三大欄杆，既然叫做直接民主，就應該還權於民，而不是用一堆行政手段在打壓民主政治。」

「讚啦！」「有guts！」阿雄這義正詞嚴的發言，換來無數的掌聲歡呼。

「這種鳥籠門檻根本就該廢掉，我們剛查了瑞士公投的規定，他們連署門檻只有百分之一．五，至於公投通過門檻根本沒設投票率的限制！」

「而且公審會還可以駁回人民提案，莫名其妙。」阿南再補踹一腳。

此時，芊芊提出了疑問：「奇怪了，這麼爛的公投法都不能改嗎？」

「要改很簡單，跟《選罷法》一樣只要立法院修正就可以啦。但是……假設今天你是執政黨，你會希望人民動不動就來個核四公投、服貿公投嗎？」

「不太希望吧。」芊芊搖搖頭。

「難怪人家說政治人物啊，『換了位置就換了腦袋』！」

「喔——」同學們一副恍然大悟的樣子。

中華民國憲法（民國三十六年一月一日）第一三〇條：「中華民國國民年滿二十歲者，有

64. 《中央社》，2014年8月22日，http://www.cna.com.tw/news/firstnews/201408220172-1.aspx

依法選舉之權，除本憲法及法律別有規定者外，年滿二十三歲者，有依法被選舉之權。」

除了罷免權與創制複決權，回到選舉權，其實問題也不少。

《青年佔領政治　拿下五席民代》65

「青年佔領政治」是一個太陽花學運後成立的青年參政組織，在二〇一四年底九合一選舉共推出十八名候選人，其中有五名成員成功當選。他們在記者會上高呼「大於十八我要投票、小於二十三我要參選」口號，宣示將推動投票年齡下修、降低保證金門檻等選制改革。其中參選台北市長失利的馮光遠並質疑中選會：「**保證金在保證什麼呢？保證權貴可以參選嗎？還是保證弱勢的人進不來呢？**」

「這裡面提到兩個改革，第一個是投票年齡的問題，根據『台灣少年權益與福利促進聯盟』統計全世界一百七十一個民主國家的投票年齡，台灣這個二十歲的數字，你們猜是第幾名？」

「不知道ㄟ，第十？」小華問。

「哼哼，你太小看台灣了，我們是第一名！」

在台灣，滿十八歲的青年要承擔繳稅、服兵役、負刑事責任等義務時，卻未被視為具有公民身分，沒有權利選出自己的民意代表或國家領導人。全民投票（universal suffrage）的理念早已是民主政治的重要指標，民主國家莫不盡可能的將選舉限制（如：膚色、性別、宗教、年齡等）降到最低。我國二十歲投票年齡限制已六十七年未曾調整，早已悖離世界潮流，同時也成為青年參與公共事務與公民社會的障礙。

「所以剛剛新聞裡面那些年輕人才會高喊『大於十八我要投票、小於二十三我要參選』。你們快滿十八歲了，我們來做個民調，贊成投票年齡下修的請舉手。」

同學紛紛舉手，只有八位沒舉手。我請姍姍發言。

「我還是會擔心自己沒辦法選出好的候選人，再等兩年也許比較好一點。」姍姍平常就是個很乖、很聽話的女孩，總是擔心自己不夠努力。

「公民思辨本來就沒有對錯，姍姍的看法也有道理，大家可以再多思考。那對於至少要滿二十三歲才能參選的規定，認為要下修的請舉手。」

這次就少多了。將近一半的同學表示贊成。

65.《民視新聞》，2014年12月12日，https://www.youtube.com/watch?v=c_sEl-bJ5no

「我贊成降到二十歲，民法二十歲就成年，連結婚都不用爸媽同意了，出來參選應該也沒什麼好限制的。」

「我也覺得應該下降，法律何必去剝奪年輕人的參政權呢？」

「可是二十歲連大學都還沒有畢業，這樣擔任民意代表會不會做不好呀？」

「那你就不要投給他啊，參選是他的權利，不應該受限。」

雖然意見分歧，這絕對是好事，透過彼此間意見的交流，理性溝通，這就是民主政治的落實呀！

「回到剛才新聞，馮光遠在氣什麼呢？他這次落選，被沒收了兩百萬保證金。」

未達門檻　保證金要沒收

市長選舉保證金兩百萬元，得票數要超過選舉人數的十分之一，以今年北市為例，至少要拿到二十一萬五千票才能取回。議員選舉保證金二十萬元，得票數要超過該選區總人數除以應當選名額的十分之一，才能退還，士林北投區約需三千零七十六票。

此外，除了當選者能獲得每票三十元的競選經費補助，得票數若能超過當選者票數的一定比例，也能獲得補助（市長要超過當選者票數的三分之一、議員要超過最低票當選者票數的二分之一）。以柯文哲來說，還能獲得約兩千五百六十一萬元的競選補助款，落選的連勝文也有一千八百萬元。但馮光遠一毛補助款也沒有。

「保證金門檻使得選舉已經變成有錢人的遊戲，難怪會參選的新人多半都是政治家族或權貴子弟，如果沒有金主奧援，家境普通的年輕人就算各方面都很優秀，光是湊足保證金就是個問題。」

這個國家專門欺負小黨，還有一個政黨補助款門檻也很不合理。現行《罷免法》規定，全國立委選舉政黨得票率達百分之五以上，每年每票補貼五十元，至該屆立委任期屆滿為止。這是什麼意思呢？用二〇一二年立委選舉來看，國民黨連續四年「每年」都可領到兩億九千三百萬元，民進黨也可以拿到每年兩億兩千八百萬元。而綠黨呢？超過二十萬的得票數（百分之一．七）照理每年有一千萬元的補助，卻什麼都領不到。即使前一陣子立法院已經修法，未來領取政黨補助款的門檻降為百分之三．五，仍然無濟於事，還是無法幫助小黨健全發展啊！

「老師，既然要修法，那為什麼不乾脆降低補助款門檻多一點呢？比方說百分之一類的。」小麗問。

「對啊，像競選經費補助門檻也是，一樣是落選，連勝文還可以拿一千八百萬，馮光遠拿不到還要被沒收兩百萬保證金。」阿南跟著說。

「不管是政黨補助款，或是前面提到的保證金、競選經費補助門檻，統統都規定在《選罷法》。門檻是立法院所制定的，而兩個大黨佔了絕對多數。簡單的邏輯在於：如果你是兩大黨，你會希望小黨多還是少？你希望你的對手越大還是越小越好？」

「當然是越小越好啊！」小麗理所當然地說。

「那不就結了。」

課後作業

◎這一課，值得你認識的公民團體NGO：

鄭南榕基金會／割闌尾計畫／台灣少年權益與福利促進聯盟／台灣守護民主平台／民間公民與法治教育基金會

一、釋字第七二一號【政黨比例代表選舉案】（民國一〇三年六月六日）

解釋爭點：立委選舉採單一選區兩票並立制及所設政黨比例席次與百分之五政黨門檻之規定，違憲？

解釋文：憲法增修條文關於單一選區兩票制之並立制、政黨比例代表席次及政黨門檻規定部分，並未違反現行憲法賴以存立之自由民主憲政秩序。公職人員選舉罷免法關於並立制及政黨門檻規定部分，與上開增修條文規定內容相同，亦不生牴觸憲法之疑義。

二、釋憲案聲請人制憲聯盟及綠黨認為，憲法增修條文關於立委選舉之規定，違反國民主權原則，侵害平等選舉原則暨參政權之保障。

一、雖然大法官會議已做出合憲解釋，但是黃茂榮大法官提出不同意見書加以反對。如果你是大法官，你會支持釋憲案聲請人的見解嗎？理由為何？

二、「台灣守護民主平台」串聯許多公民團體組成「公民憲政推動聯盟」，目的在由下而上推動台灣公共議題的參與和對話，捲動更大的改革動能。請各組同學蒐集憲政改革資料，討論如何增加多元參政機會，於下次課堂上報告。

後記

美國民主理論大師道爾（Robert A. Dahl）認為，民主政治在制度上包含兩個主要層面：參與和競爭。參與指的是選舉權普及，重要公職人員由公平的選舉制度所產生，而競爭主要是指人們可經由集會結社等方式爭取民意支持，主要是透過政黨政治。這些制度的設計要確保：「民主政治的核心價值是政治平等，也就是政府持續地對人民的需求保持回應性。」如果選舉制度只對大黨有利，沒有了小黨的競爭，社會將缺乏監督制衡，也就無法確保政治人物會對選民負責。

制度是人所建立的，法律也是。但是俗話說，「人不為己，天誅地滅」，對政治人物而言，他們念茲在茲的是如何確保權力不中斷，最簡單方法就是堵住新競爭者加入的機會，這裡面甚至包括羽翼未豐、嗷嗷待哺的弱小對手。權力如同春藥般迷人，能阻擋一個是一個。所以我們看到過去修憲時，國民黨聯合民進黨，選擇了不利小黨生存的並立制立委選舉制度，並且設了百分之五（相當於七十萬票）的高政黨得票門檻。二〇〇八年的立委選舉只有國民黨及民進黨超過門檻，二〇一二年選舉則勉強加上親民黨及台聯。其他的小黨不但一席未得，也得不到四年的政黨補助款，這豈止是不公平而已。

憲法保障人人參政權平等，但是台灣的選舉已經成為燒錢遊戲，只剩有錢人跟有錢的政黨可以來玩，**「一人一票」變成了「一元一票」**。這種不公平的選舉制度，阻礙了年輕人的參政權利，也妨礙了社會流動的可能。**讓學生了解問題，進而思考改變，才不會辜負民主先烈的犧牲。因為，「接下來就是你們的事了」！**

兩岸關係

第九堂／

在國家認同的分歧點上

「我在台灣住了將近四十年了，已經是台灣人了。」

——蔣經國

摘要

1 課程

九二共識／統一戰線／國家認同

2 新聞

高中課綱微調　教師到教育部抗議／雙橡園元旦升旗　36年首見／張懸英國開唱秀國旗

3 搭配閱讀

《被出賣的台灣（重譯校註版）》，葛超智（George H. Kerr）著，詹麗茹、柯翠園

譯，前衛

《想像的共同體：民族主義的起源與散布》，安德森著（Benedict Anderson），吳叡人譯，時報

4 影片

《打不倒的勇者 Invictus》

課堂

今天是這個學期第九堂公民課，我們要來談談「兩岸關係」。一開始，我想給各位看一則二〇一四年寒假期間的新聞**《高中課綱微調　教師到教育部抗議》**[66]，教育部農曆年前匆促通過「去台灣化」的課綱微調案，引發一群高中公民老師不滿，冒雨到教育部抗議，質疑黑箱作業，要求暫緩實施。

66. 《民視新聞》，2014年2月4日，https://www.youtube.com/watch?v=I9pMq9GgHJg

根據課綱修訂委員的意見，他們認為原有課綱內容的脈絡是基於「一邊一國」的觀點，並不合憲，因此才做了這次微調。比方說，在公民科談到兩岸關係的單元，原課綱提到「台灣的中國政策依據」、「中國的台灣政策依據」，可以看出是基於「一邊一國」在編寫，因此，現在調整為「我國的大陸政策依據」以及「大陸的對台政策依據」，符合憲法增修條文的法律規範。67

教育部之所以要倉促黑箱作業，搞得「程序不正義」，大概是他們認為可以順利偷渡「去台灣化」的課綱吧。所以雖然有發公聽會公文給各高中老師，但是三場公聽會時間都選在學校期末考時間，而且很多學校收到公文時竟然已經報名截止！這種粗糙的修訂程序，加上「公民教師行動聯盟」以及其他公民團體跳出來揭發教育部的「陽謀」，難怪被各界批得滿頭包。

「嚴格來說，如果真要按照憲法增修條文的說法，好像也有道理。因為增修條文前言就指出這是『為因應國家統一前之需要』而增修，所以總統才會說，依照《憲法》和《台灣地區與大陸地區人民關係條例》規定，中華民國『目前』是被分隔為自由地區與大陸地區，兩岸定位是『一個中華民國，兩個地區』。」

「對於課綱修訂是為了合乎憲法，比方『台灣的中國政策』修改成『我國的大陸政策』，大家怎麼看？給你們討論三分鐘。」

「我們這組討論的結果，覺得是語意的不同，用台灣的中國政策，好像是兩個國家或政府，如果改用我國的大陸政策，似乎隱射他們是我們的一部分。」小華首先發言。

「問題是人家認為我們才是他們的一部分吧，台灣在大陸人眼中不是國家。」阿雄不以為然地說。

小麗點點頭：「對啊，聽說連來台灣的陸客都不能跟他們講這個。」

「各位同學在國中公民課一定學過國家的四要素，包括人民、領土、政府、主權，我請問大家一個問題，就這國家四要素來看，台灣、或者中華民國，算不算是一個國家？我們用舉手來做個民調。」

班上四十人有三十五個都贊成，無人反對，五人未舉手。我請未舉手的同學說說自己的想法。

「老師，我覺得應該是國家吧，可是那大陸怎麼辦？我不懂。」不管什麼議題，姍姍總是很謹慎。

67.《中國時報》，2014年02月09日。

二〇一四年初，教育部針對高中歷史與公民科課綱進行「微調」，並迅速強行通過。

一群高中職公民與社會科教師組成了「公民教師行動聯盟」，集結教育部前抗議，並要求教育部暫緩課綱微調，重啟審查程序。

教育部
序程審查
告公綱課

「簡單，大陸也是國家啊。」阿南對於自己的回答有些得意。

「這樣不就變成兩個國家？」姍姍不解地說。

一九四九年十月一日，當中共領導人毛澤東登上天安門，宣告：「中華人民共和國中央人民政府今天成立了！」同一時間，創立於一九一二年的中華民國撤退來台，兩個都主張代表中國的政府，就此展開了延續至今的隔海對峙。這期間，中共屢次武力犯台，而蔣介石政府也多次回擊「反攻大陸」。由於美國對台海問題的介入，以及鄧小平在一九七八年十二月開始的改革開放，中國大陸的對台政策改採「和平統一、一國兩制」，但不放棄武力威脅台灣。

所謂「一國兩制」即是「一個國家，兩種制度」，主張兩岸統一後，「台灣特別行政區」可以保有既有的經濟社會制度與政治上的高度自治。對中國來說，只要台灣同意一個中國原則，什麼都可以談。什麼是「一中原則」呢？按照《反分裂國家法》的版本，一中是「世界上只有一個中國，大陸和台灣同屬一個中國，中國的主權和領土完整不容分割」。

「其實『一國兩制』最早是用來處理一九九七年香港、澳門的回歸問題，當時鄧小平有一句很有名的保證，『馬照跑、舞照跳、五十年不變』。是啊，表面上一樣，馬還是在跑，但是政治上變嚴了。香港佔中運動說明了一切。『一國兩制』在台灣原本贊成者就不多，如今再看到香港的處境，可說幾乎沒有市場了。」

九二共識

緣起於兩岸政府授權的非官方組織海峽交流基金會、海峽兩岸關係協會經由口頭協商而逐漸形成的不成文默契。一九九二年十一月十六日，海協會給海基會的致函，表達了大陸方面做口頭表述的要點為「海峽兩岸都堅持一個中國的原則，努力謀求國家的統一。在事務性商談中，只要表明堅持一個中國原則的態度，可以不涉及『一個中國』的政治涵義。」此函同時附有海基會之前所提方案「雙方雖均堅持一個中國之原則，但對於一個中國的涵義，認知各有不同」，被認為是九二香港會談（一九九三年辜汪會談而先期舉行的事務性協商）達到共識的重要依據。

即使如此，目前兩岸政府對其內涵仍有所不同。中共方面認爲其涵義是「**各自以口頭方式表述海峽兩岸均堅持一個中國原則**」的共識。馬政府則認為是「**一個中國，各自表述**」，並多次強調一中就是中華民國。

「簡單的講，為了不讓台灣民眾反感，中共現在都用『九二共識』來包裝一個中國原則，反正總統自己解讀可以各自表述，一中就是中華民國。所以共產黨要的是一中、總統要的是各表，雙方各取所需，這幾年來就是這樣創造出兩岸交流避免尷尬的模糊空間。」

「難怪我常聽到九二共識，但內容是什麼也搞不清楚。」阿南若有所思地說。

「越不清楚對國共雙方越有利啊！」我幫他澄清。

「可是民進黨好像反對九二共識ㄟ？」姍姍問。

「別說是民進黨，連一九九二年當時的總統李登輝後來都曾當面告訴馬總統，沒有九二共識，以九二共識進行兩岸交流，只會掉入『一個中國』的圈套。」

特殊的國與國關係

李登輝總統在一九九九年七月九日接受德國之聲專訪時提出，一九四九年中共成立以後，從未統治過中華民國所轄的台澎金馬。我國並在一九九一年修憲，將憲法的地域效力限縮在台灣，並承認中華人民共和國在大陸統治權的合法性；民意機關成員與總統、副總統都由台灣人民直接選舉，使所建構出來的國家機關只代表台灣人民，國家權力統治的正當性也只來自台灣人民的授權，與中國大陸人民完全無關。一九九一年修憲以來，已將兩岸關係定位在國家與國家，至少是特殊的國與國關係，而非一合法政府、一叛亂團體，或一中央政府、一地方政府的『一個中國』的內部關係。所以，北京政府將台灣視為『叛離的一省』，這完全昧於歷史與法律上的事實。

特殊的國與國關係，有人將它簡稱為「兩國論」，但這並不符合原意，「特殊」才是裡面的精髓。後來上任的民進黨陳水扁總統在二〇〇二年講得更直白，提出「一邊一國論」，台灣跟對岸中國一邊一國，要分清楚。這些主張，影響中國與台灣之間的關係甚鉅，在台灣內部也各有不同觀點，時至今日也難下定奪誰是誰非。

「不過，有個小故事要跟你們講，其實『特殊國與國關係』是現在的民進黨蔡英文主席主導完成的。早在一九九八年八月，當時的李總統就指派蔡英文召集多位年輕學者成立「強化中華民國主權國家地位」小組，研究報告於一九九九年五月初步完成[68]。李總統之所以會選在接受專訪時提出，是因為大陸海協會長汪道涵預定九月

68.《李登輝執政告白實錄》，鄒景雯採訪記錄，印刻，頁222-223。

間來訪，中共十月一日要擴大慶祝建政五十年國慶，「一個中國、一國兩制」勢必成為國際宣傳的重點，因此他搶在前面，申明兩岸的現實是特殊國與國關係。」

「哇！原來是蔡英文寫的喔！」

「那如果小英選上總統，馬總統的一中各表就要改回特殊國與國關係了嗎？」

執政者總是會有多方考量，未來的政策誰知道呢？不過憑良心講，「九二共識」某種程度上的確創造主權模糊空間，進而重新啟動兩會協商機制，並簽訂多項協議，至少我們看到三通直航、陸客觀光、兩岸金融合作、陸生來台求學、共同打擊犯罪，還有最受爭議的ＥＣＦＡ跟服貿協議等，別忘了「擱置爭議」正是「九二共識」的精神。

話雖如此，中共方面雖然對台灣的作為有所改變，但是一個中國的原則從來不曾改變。就算是「九二共識」，中共也從來不承認有各自表述這回事，更不用說有中華民國的存在了。

《雙橡園元旦升旗　36年來首次》[69]

二〇一五年元旦，我國駐美代表處在華府雙橡園舉行升旗典禮，這是美國與中華民國斷交三十六年來的第一次，而且我國駐美軍事代表團成員更身著軍服出席典禮，看著青天白日滿地紅國旗冉冉上升，僑胞們眼眶泛紅，這場典禮對我國外交突破，意義重大。

「新聞見報後，原本總統還表示『深感欣慰』、『可視為活路外交的成就』，但想必是惹惱北京了，中國外交部在與華府『嚴正交涉』後，美國在台協會（AIT）對此事提出措辭強烈的聲明，『我們對雙橡園升旗沒有批准，對該行動失望，希望台灣確保這類事情不再發生。』」

「美國人是怎樣？我們在自己家裡升旗也不行喔？嗆成這樣。」愛台心切的阿雄有點激動地回應。

眼看阿雄似乎有點動氣，小麗連忙緩頰：「老師剛剛有講啊，美國是看中國臉色的啦。」

「活路外交根本變成死路外交。」阿南幫大家下了結論。

69. 《中天新聞》，2015年1月1日，https://www.youtube.com/watch?v=Z2jJsMQr554

馬英九總統反對惡性競爭式的「金錢外交」，實施「外交休兵」，兩岸不再競爭邦交國的數目，改走「活路外交」。

「不走金錢外交是對的，輿論對於邦交國減少往往大作文章，尤其在野黨最會以此來批評執政黨，國民兩黨誰在野都一樣。請你們想一個問題，全世界有將近兩百個國家（聯合國會員國一百九十三個、觀察員國梵蒂岡和巴勒斯坦兩個），如果邦交國數量這麼重要的話，我們現在才只有二十二個邦交國，早可以淘汰了！其實我們以前最多時有六十八個邦交國，而且包括主要的西方國家。一直到一九七一年，由於美國總統尼克森的『聯中制蘇』政策，我國被迫退出聯合國，外交處境開始風雲變天。」

聯合國大會2758號決議（一九七一年十月二十五日）

大會承認中華人民共和國政府的代表是中國在聯合國組織的唯一合法代表，中華人民共和國是安全理事會五個常任理事國之一，決議恢復中華人民共和國的一切權利，承認其政府的代表為中國在聯合國組織的唯一合法代表，並立即把蔣介石的代表從它在聯合國組織及其所屬一切機構中所非法佔據的席位上驅逐出去。

有了這個決議當靠山，所以自一九九三年以來，我國陸續透過友邦提案，不論是以「中華民國」名義「返聯」，或是用「台灣」名義申請「入聯」，都在中國強烈的反對及封殺下，無法列入聯合國議程。

比起蔣介石的「漢賊不兩立」、蔣經國「不接觸、不談判、不妥協」的「三不」，以及李登輝、陳水扁等，馬英九已經是歷年來對中共最友善的中華民國總統了，他以憲法一中的精神，守著『一個中華民國，兩個地區』。但只要涉及到國家，北京方面仍然是鐵板一塊。中共雖然多次表示，「在一個中國前提下，什麼問題都可以談」，但國際版本的一中定義其實是**「世界上只有一個中國，台灣是中國的一部分，中華人民共和國是代表中國唯一合法政府」**。

「所以九二共識的一中是中華人民共和國啊。」

「對岸根本不承認中華民國，歷史老師說他們有寫一本《中華民國史》，從一九一二年一月一日寫到一九四九年十月一日中華人民共和國成立為止。」

「原來在他們心中我們早已亡國！」

「一中原則」總算掀出底牌了，看得出同學們的討論裡，帶著些許訝異。

統一戰線

簡稱統戰，起源於蘇聯創國者列寧，其核心是在政治競爭中掌握「聯合次要敵人，打擊主要敵人」的原則。根據毛澤東思想，「統一戰線、武裝鬥爭、黨的建設」是中國革命的「三大法寶」。歷史上，國共兩黨曾有過兩次的「統一戰線」。今日中共對台戰略，「統戰」依然是主要的指導綱領，諸如「以經促統、以商圍政、以民逼官」，都可以視為「統一戰線」原則的延伸。

中共對台政策奉行「統一戰線」原則，儘量拉攏國內統派人士，「促統重於反獨」。在統戰策略引導下，習近平高舉「中國夢」旗幟，訴求「中華民族偉大復興」，除了擴大兩岸經濟整合，更重視文化和思想方面的溝通交流，希望訴諸民族和文化情感，以建立兩岸人民對於中國崛起的認同感，並作為未來兩岸深化交流與合作的基礎。

在這樣的統戰操作下，表面避談中華民國，的確打動部分統派。相對地，也使得台灣民眾的國家認同出現相當程度的混淆，原本國家應該是非常容易理解的概念，但是在兩岸特殊的政治情勢底下，即使是國內，統獨認同也顯得相當分歧。

國家認同

國家認同是指個人對國家的歸屬感，主動認為自己屬於國家、願意為國家效忠，甚至在國家有危難時願意犧牲自我的一種心理狀態。

對個人而言，國家認同能滿足內心的安全感與歸屬感，常展現在對特定事務的認同上，例如：國旗、國徽等象徵性符號的認同。

對國家而言，國家認同則能凝聚國民的向心力，共同追求國家的發展。當國家遭遇外敵侵襲或各種危難時，國家認同也能匯聚全民的力量，共同協助國家度過危難。

雖然兩岸雙方在正式接觸上，都儘量避免提到主權、國家，難免還是會有偶發事件觸動這敏感神經。例如前述的雙橡園升旗事件。我方的困境在於，中國的政治洗腦教育已經深入人心，對中國人民而言，台灣是地方政府完全是理所當然的事。

我播出一則擦槍走火的例子**《張懸英國開唱秀國旗　中網友不滿》**[70]：

二〇一三年十一月二日，知名台灣創作歌手張懸，在英國曼徹斯特的演唱會上，接過台灣留學生遞給她的中華民國國旗，並公開展示這面來自家鄉的國旗，卻遭到一名在場中國留學生嗆聲「No politics today」（今天不談政治），張懸停下來並試圖對話：「It's just flag presenting where these students and I are from.」（這只是一面旗幟，說明我和這群學生來自哪裡。）事件引來中國網友的高度不滿、圍剿痛批，並揚言抵制張懸在北京的演唱會。

「覺得張懸有理的請舉手。」真團結啊，全班四十人全部舉手。

「張懸沒有錯啊，不拿國旗難不成要她拿五星旗嗎？」

「這就像我們去看世界杯棒球，也會拿自己的國旗幫中華隊加油啊。」

「可是中共一定會打壓，每次都這樣。」

「對，中國真的很霸道。」

「台灣又不是中國的。」

高中生不見得真能理解統獨議題，但是他們絕對認識這面青天白日滿地紅國旗，一旦受到對岸打壓，這時候國家認同就完全出來了，愛國心也許是最大公約數呢！

「北京的霸權思維，嘴巴上說我們都是一家人，但是在國際上動不動就打壓中華民國生存空間，只會讓台灣民心越離越遠。在歷經二〇一四年三月太陽花學運、十一月九合一選戰後，我們來看一份政大選舉研究中心的最新民調。」

《政大選研民調》百分之六十．六自認是台灣人　創新高[71]

政大選研中心自一九九二年起，長期對國人的統獨立場、國族認同進行調查，以下是二〇一四年底的數據。

在「台灣民眾台灣人／國人認同趨勢分布」，認同自己是台灣人的比例以百分之六十．六創新高，認同自己是台灣人也是中國人、認同自己是中國人的比例，都降至歷史新低的百分之三十二．五及百分之三．五。

70. 《民視新聞》，2013年11月5日，https://www.youtube.com/watch?v=BIYrhXrOZsQ
71. 《自由時報》，2015年1月26日。

而在「台灣民眾統獨立場趨勢分佈」，偏向獨立、儘快獨立比例之加總，已達百分之二十三・九，創歷史新高；偏向統一、儘快統一共達百分之九・二，則是史上新低。維持現狀再決定為百分之三十四・三、永遠維持現狀為百分之二十五・二，維持現狀合計百分之五十九・五。

「香港的情況也是一樣，根據香港大學一項最新調查顯示，香港市民對『香港人』身分認同感上升，但對『中國人』身分認同感則下跌至二〇〇八年進行民調以來的最低點。而香港中文大學的另一項調查也顯示，香港人對中國國旗及國歌的自豪感也急跌，抗拒感升至歷年最高。至於港人對普通話的抗拒感，今年亦升至歷年最高。[72]」

「我只能說，中國真的是『顧人怨』啊。」阿南悠悠地說。

「我是台灣人，不是中國人。」講到認同，阿雄的立場一向很堅定。

「唉，香港人真可憐，還好我們不是中國的一部分。」小美的同情心又發作了，她的表情很無奈。

「對於香港人的處境，總統其實是擔憂的，因為這會危及到台灣人對中國的看法。」

有時候我真覺得台灣像個小媳婦，儘管百般委曲求全，中國這個惡婆婆心情不好就來嘈個幾下。話說二〇一四年的雙十國慶，總統在他的國慶談話中，明確表態支持香港普選，並呼籲中共「讓一部分人先民主起來」。民主與人權都是普世價值，總統難得這次說得很好。

但是惡婆婆生氣了！當天下午，中國國台辦發言人范麗青隨即以強硬語氣回應「對於香港政改，台灣方面不應說三道四」。

北京十一月初APEC會議召開前夕，中國官媒《環球時報》再發專文，痛批馬英九支持香港佔中，以極盡嘲諷方式形容馬只是「**台灣的地方頭頭**」，批評國民黨面臨選舉壓力表態挺佔中，這是為了小利壞大規矩，「台灣經濟已經離不開大陸，台灣也已沒有同大陸對抗的本錢。」最後再數落馬「執政水平真讓人不敢恭維，民調支持度長期走低」，甚至直接向馬撂話說：「算了吧！小馬哥，還是別誤導台灣輿論了，而且大陸社會不欠你什麼，希望你自重！[73]」

72. BBC中文網，2014年12月22日，http://www.bbc.co.uk/zhongwen/trad/china/2014/12/141222_hkchineseidentity
73. 《自由時報》，2014年11月4日。

「好像老大在教訓小弟喔，小馬哥被打臉。」

「這哪是打臉，已經是洗臉了！」

「而且還有大陸官方認證的執政無能。」

習近平的「中國夢」告訴我們，中國已經崛起。嘴巴上雖然說兩岸同胞都是一家人，但是中國仍自居天朝霸權心態，從未理解台灣人也有自身的歷史記憶與認同情感，也無視中華民國的存在事實，甚至還在《反分裂國家法》威脅「**國家得採取非和平模式及其他必要措施**」以武力犯台，這真教台灣人民情何以堪。

國際著名的民族主義學者安德森（Benedict Anderson）在《想像的共同體》一書中雖然認為民族是「想像的共同體」，但這不是虛構的共同體，不是政客操縱人民的幻影，而是一種與歷史文化變遷相關，根植於人類深層意識的心理建構。中研院研究員吳叡人在該書導讀的一段話，很值得給學生省思：「冷戰已成過去，而福爾摩沙依舊徘徊在認同的歧路上，思想、記憶和認同似乎已經成為難以承受的負擔。然而沒有了思想、記憶和認同的重量，台灣將永遠只是一葉浩海孤舟，任憑資本主義和強權政治的操弄控制，反覆重演注定終將被自己和他人遺忘的種種無意義的悲劇。」

課後作業

◎這一課，值得你認識的公民團體ＮＧＯ：

公民教師行動聯盟／台灣民間真相和解與促進會／二二八共生音樂節

《打不倒的勇者　Invictus》[74]

當我走出囚室、邁過通往自由的監獄大門時，我已經清楚，自己若不能把悲痛與怨恨留在身後，那麼我其實仍在獄中。

——曼德拉（Nelson Mandela）

一九九四年，被囚禁二十七年半的南非黑人領袖曼德拉當選首位民選總統，但是他面臨國家政治動盪、經濟蕭條、治安敗壞，以及因長久實施種族隔離政策所帶來的嚴重

74. https://www.youtube.com/watch?v=aEl8y9wFdA8

種族對立。南非的國球是橄欖球，全由白人組成，曼德拉決定以一九九五年在南非舉辦的世界盃橄欖球賽為契機，透過與白人球隊隊長同心協力的合作，與不斷奮戰求勝的比賽過程，化敵為友，重新凝聚國家認同，解決長久以來的族群對立問題。

一、台灣曾歷經嚴重的族群對立，事實上到現在也未完全消除。請各組選定一個台灣現仍存在的族群問題，討論該如何解決，並於課堂上報告。

二、假定你是執政者，你會如何凝聚國家認同、團結人民意識？說說看你的想法。

後記

對中華人民共和國而言，台灣是一個攸關「面子」的問題，從一八四二年南京條約開始，一連串的不平等條約，歷經列強割據、對日抗戰，一九四九年好不容易建國成功。**隨著一九九七年香港、澳門相繼從英國、葡萄牙歸還後，台灣就成為中國恥辱的最後一塊傷疤。**中共對中國統治權的合法性主張，除了成功提振經濟成長之外，就只剩捍衛「中國的主權及領土完整不容分割」。透過多年的政治洗腦，愛國主義的強烈情操在中國大陸顯然享有廣大的民意支持。

台灣是一個多族群、多文化融合的群體，歷史上歷經清朝統治、日本殖民、國民黨政府遷台，加上二二八事件與白色恐怖的記憶，國家認同原本就不易凝聚。如今面對中國崛起，採用和戰兩手策略的對台方針，一手蘿蔔（經濟利益）、一手棍子（軍事威脅），統戰分化，更讓台灣民眾的國家認同歧異、難以凝聚。

兩岸關係是國家未來發展的重要議題，儘管複雜性高、敏感性強，仍然有必要向學生說明具體內容，以及爭議面向。雖然中華民國暫時是最大公約數，仍有許多民眾不願接受，這點我個人情感上也同意。但是身為教師，如何在課程操作上儘量秉持公允，提供學生多元思考觀點，資料與新聞蒐集必須用心掌握。**兩千三百萬人同在一條船上，你我都是一家人，同舟共濟、榮辱與共，團結是唯一的路！**

自由貿易

第十堂／百分之一和百分之九十九的戰爭

「希望機會永遠對你有利。」

——電影《飢餓遊戲：自由幻夢 The Hunger Games: Mockingjay》

摘要

1 課程

新自由主義／下滲經濟學／三角貿易／政府失靈

2 新聞

佔領華爾街／太陽花學運／香港佔中運動

3 搭配閱讀

《不公平的代價：破解階級對立的金權結構》，史迪格里茲（Joseph E. Stiglitz）著，

羅耀宗譯，天下雜誌

《崩世代：財團化、貧窮化與少子女化的危機》，林宗弘等著，台灣勞工陣線協會

4 影片

《佔領華爾街：公民小傳全紀錄　99%: The Occupy Wall Street Collaborative Film》

課堂

今天是這個學期第十堂公民課，今天要上的主題是「**自由貿易**」，關於這個議題，台灣在去年曾經吵得沸沸揚揚，也就是各位同學所熟知的「太陽花學運」，起因是《兩岸服務貿易協議》的簽署，一般簡稱「服貿」。話說回來，什麼是「服貿」、為什麼要簽「服貿」呢？這裡有段趣味短片，先給大家來看看：

我播放網路紅人蔡阿嘎製作的《大頭佛來勸世3【服貿？是福還是禍？】》：請還給

人民知的權利！》[75]：

「歡迎大家收看大頭佛來勸世——咳咳咳……」「唉呦——阿嘎你怎麼了？」「我的身體有點不舒服……」「不舒服！那那那……來喝這個！」大頭佛拿出了一包「伏冒」成藥熱飲給阿嘎。

阿嘎當然不敢亂喝：「啊裡面有什麼配方啊？」「跟你說你也不懂，喝就對了啦！我們是朋友捏，怎麼可能害你？啊你現在不喝，三個月後也得喝啦。」大頭佛不以為意的說。此話一出，馬上讓阿嘎忍不住大幹譙：「什麼東西都不知道就要我喝，還沒有選擇的權利，是要我喝火大的喔！」

語畢，阿嘎與大頭佛提出了本篇的勸世文：服貿究竟是福還是禍？

既然台灣是個民主的殿堂，那麼就不該有黑箱作業，人民並非一味的反對，只是有知和選擇的權利，因為我們都希望台灣能邁向真正的大確幸！

「好，那我也來問問大家，為什麼馬英九總統堅持要簽服貿？」

「好像簽了對台灣比較好？因為各國都在簽自由貿易協議。」姍姍首先表示意見。

「可是，如果對台灣好，那為什麼會有五十萬人上街頭反對？」坐旁邊的小麗很不以為然。她向來對馬英九沒有好感。

「拜託，那是因為他要賣台啦。」阿南真是鄉民嘴，老愛酸馬總統。

同學們哈哈大笑。

「喂，講人家賣台要有證據好嗎？根據馬總統在記者會的說法，服貿協議是依據『以台灣為主，對人民有利』的原則，大陸對台灣開放八十個項目，台灣則開放六十四項，所以對台灣是『利大於弊』[76]。」

這個有名的「利大於弊」演說，被鄉民kuso成「Z>B」理論（音同利大於弊），諷刺馬總統對於服貿協議的利弊得失，交代得不清不楚，只會不斷強調「利大於弊」。透過PTT網路瘋傳，成了一個不斷跳針的笑話。

比較利益法則

全球化（globalization）包括了經濟上、政治上或文化上的許多面向，本課主要探討經濟層面。「經濟全球化」是指透過國際貿易、國際金融與國際對外投資，促成國際間商品、勞動、資金、技術之跨國性移動的現象。從古典經濟學的觀點來看，李嘉圖（David Ricardo）提出國際分工與貿易的基本理論「比較利益法則」

75. 2014年3月19日，https://www.youtube.com/watch?v=e1SJCUFvPYM
76. 《蘋果日報》，2014年03月23日。

（comparative advantage）：各國致力於多生產機會成本較低的產品，可擴大世界的總產出，透過互相進行貿易，就可使各國都得利。但是，應用「比較利益法則」進行國際分工與貿易可使各國得利的觀點，有其侷限性。這理論背後有一個重要的假設，即所有的勞工不會因國際貿易而失業，即使失業也只是短暫現象，很快就可以找到下一份工作，不值得特別關注。

新自由主義

這種自由貿易絕對有利的觀點，到了一九八〇年代，以「新自由主義」（neo-liberalism）的型態風行全球，尤其當時正是英國首相柴契爾夫人與美國總統雷根主政的輝煌時期。「新自由主義」本質上是一種經濟自由主義，核心概念是市場與個人，反對以社會正義之名，干預市場機制，因為干預市場會侵害個人自由、企業經營自由與私有財產制度。落實在政策上，「新自由主義」以小政府為思想基礎，強調市場自由化、公營事業民營化、減少社會福利支出、減稅、解除經濟管制等。而在國外政策上，新自由主義支持利用經濟、外交壓力或是軍事介入等手段來擴展國際市場，達成自由貿易和國際分工的目的。

整整三十年到今天，「新自由主義」經濟學成為世界經濟的主流價值。世界銀行、國際貨幣基金、世界貿易組織等國際組織，也透過紓困與制定遊戲規則，迫使受貸國家接受開放，更是新自由主義經濟政策可以在全球大舉擴張的原因。

佔領華爾街（Occupy Wall Street）

指二〇一一年九月十七日開始在紐約金融中心華爾街舉辦的示威活動，目標是要持續佔領華爾街，以反抗由於國際權威集團的貪婪所產生的社會不公現象。自二〇〇八年金融海嘯以來，許多美國人失去房子和工作，但銀行家卻依然坐領高薪。行動口號是「99%」，活動聲明寫道：「**最基本的事實就是我們99%的人不能再繼續容忍1%人的貪婪與腐敗。**」

新自由主義並不是經濟的萬靈丹，不要說開發中國家反感，就連最支持自由化的美國本身，也引發不少的抗議。我播放紀錄片《佔領華爾街：公民小傳全紀錄》[77]的預告片，透過影片裡人們不斷怒吼「Whose streets? Our streets!」讓學生感受這百分之九十九對抗百分之一的戰爭現場。

77. https://www.youtube.com/watch?v=ue2SYq5Y0tM

這場運動，用著名諾貝爾經濟學家史迪格里茲（Joseph E. Stiglitz）的話來說，就是市場已經失靈，並未依照應有的方式運作，既缺乏效率也不穩定。美國已經變成**「百分之一所有、百分之一所治、百分之一所享」（Of the 1%, by the 1%, for the 1%）**的社會，分配極度不均。史迪格里茲認為，「佔領華爾街」運動和某些國家的反全球化運動緊緊相繫，問題不在於全球化不好或者錯誤，而是政府管理得十分差勁，尤其是圖利了特定的利益群體。

把場景拉回台灣，我拿出二〇一四年四月出刊的《今周刊》，這期封面故事是「**被出賣的世代：揭露比服貿更迫切的危機**」，雖然是名為「反服貿」的抗爭，但是會有五十萬人走上街頭，這必然是聚集了夠多、夠久、夠深沉的怨氣，才會有如此驚天動地的爆發力。這些年輕人不是反對全球化，也不是反對自由貿易，他們可能也不見得反對服貿協議本身，**在服貿背後，深層的經濟危機才是問題所在**。

「根據《今周刊》這份針對二十到三十五歲年輕人所做的民調[78]，年輕人心中最深層的憂慮，比例最高的就是『低薪』（百分之七十九．七四）以及『高房價』（百分之六十九．〇八），這兩顆巨石壓得他們抬不起頭。另外『高失業率』（百分之

三十四．九三）、『政府效能不彰』（百分之三十四．四一）亦高居三、四位，反而是『政府政策過度傾中』（百分之二十四．四五）只排到第五。從這個數據看來，『反中』並不是年輕人最在意的事，這跟部分媒體批評太陽花學運是台獨的觀點並不符合。今天如果是訪問你們，你們怎麼看？」我給學生三分鐘討論。

「老師，我們這一組的意見跟民調差不多，政治我們沒興趣，我們只希望將來畢業後可以不要只領22Ｋ，然後房價不要那麼貴就好了。」小周代表發言。

「對啊，我們這組也是，維持現狀很好啊，台獨真的不是我們最在意的事，薪水高比較實在。」小華也附和小周意見。

坐旁邊的小麗哈哈笑：「ㄟ你也太現實了吧！」

「本來就是，不然22Ｋ給妳領啊！」小周不滿地回嗆。

「我才不要！」「給你啦！」「給你剛好！」

又是一陣你來我往的吐槽。

青春是美好的，但現實有時候會提早到來。大人們的世界，高中生也不見得不懂。

他們的高三學姊，已經有很深刻的體悟：

78. 《今周刊》第902期，2014年4月7日。針對20-35歲年輕人透過網路線上調查，回收有效問卷1196份，信心水準95%信度下，正負誤差值2.83%。

〈自由時報讀者投書〉躺在仁愛路上思考的高中女生[79]

◎張鈺淳（台北市大直高中學生）

身為高中生，對未來原本充滿無限想像，但當比自己早十年進入社會的前輩說，台灣的社會不給你任何希望，除非你爸爸是誰誰誰之後，你便會開始懷疑公民課本上提到的階級流動，抑或是什麼正義等真實性。

當目光往現實看，大埔和朱馮敏阿嬤甚至更多的事件，告訴你這個政府欺壓人民到什麼地步，這是怎樣的正義？課本上說徵收人民土地是為了增進社會福利，最惡質的手段是，政府戴著為大家好的面具，讓百分之九十九的人被百分之一的人欺壓，而政府告訴你，他是不得已，如同資本家在掠奪後告訴你，只要你努力，就能變得跟他一樣有權有勢，但是現在的年輕人就算不吃不喝二、三十年，你也「只能」買得起一間房子，何來正義之有？

躺在仁愛路上的我，看著帝寶那一道牆，隔著的是百分之一和百分之九十九，那一道牆更代表著社會的不正義。

前面提到，古典經濟學「比較利益法則」主張自由貿易有利交易雙方，但是在貿易

的過程中一定會產分工之利與分工之弊，這裡分工之弊最大的問題就是分配不均，尤其是對於生產不具比較利益產品的勞工，一定會損及其工作機會，稱為「工作替代」。被替代的勞工通常難以在短時間內轉換到其他行業而失業，更加重貿易所帶來利益分配不均的問題。

下滲經濟學

針對分配不均，有一種觀點認為，給頂層更多的錢，將對每個人都有利，因為這將使得經濟成長加快。「下滲經濟學」（trickle-down economics）（又稱涓滴效應，trickle-down effect）認為政府對富人階級減稅與提供經濟上的優待政策，將可改善經濟整體，最終會使社會中的貧困階層人民也得到生活上的改善。諾貝爾經濟學家史迪格里茲用切派來說明這件事。將派平均切成相同的幾塊，每個人拿到的那一塊大小都相等。照理說，頂層百分之一會得到百分之一的派，事實上他們拿到的那塊很大，約為五分之一個派。如此一來其他人分得的就比較小。下滲經濟學認為，不應該看每一塊派的相對大小，而是要看每一塊派實際上到底有多大。給富人越多，會使派變得越大，因此，雖然窮人和中產階級得到的派，佔了整個派比較小的百分比，但他

79. 《自由時報》，2014年10月13日。

們拿到的那塊派實際上已經變大。

主張兩岸貿易開放的論點也引用「下滲經濟學」，認為貿易開放的利益也會造福中下階級。台灣早期的經濟發展似乎符合這種經驗，這是因為在一九六〇年代，與美國或日本等先進國家貿易對手相比，台灣相對豐沛的生產要素是勞動力，開放貿易使得多數貧困農民也可能在經濟成長中轉換為產業工人，並獲得實質工資成長，而且所得分配還算平均[80]。

然而，台灣與中國大陸之間的貿易條件剛好相反，對岸是勞動力與土地豐富，工資相對低廉。為了讓同學可以清楚知道這場自由貿易下的分配不均，我用宅神朱學恆製作的短片**《【90秒聊台灣】——台灣GDP的真相》**[81]來說明：

GDP＝受雇人員報酬＋生產及進口稅淨額＋固定資本消耗＋企業營業盈餘

在此公式中，企業營業盈餘屬於雇主獲利的總和，受雇人員報酬則由全體受雇勞工分配，兩者就代表勞資雙方對經濟大餅的分配情況。

在一九九六年時，受雇人員報酬佔GDP比重還超過百分之五十，到二〇一三年僅剩百分之四十四・六五。相較之下，企業的營業盈餘佔ＧＤＰ比重卻由一九九六年的百分之三十一，攀升到二〇一三年的百分之三十三・四五。兩相對照，這十幾年來，受雇人員報酬佔比下滑了五・三五個百分點，營業盈餘卻增加了二・四五個百分點。簡單來說，「**你薪水變少不是因為ＧＤＰ變小，而是因為老闆想拿比較多！**」

以上統計的十幾年間正是台灣與中國大陸貿易成長最快的時期，財政部的數據顯示，中國大陸佔台灣出口總額的比重從一九九二年的百分之二・一竄升到二〇一三年的百分之二十七（加計香港則為百分之四十），目前已高居台灣對各國出口的第一位。我們發現，**與中國貿易越成長，結果勞工報酬的降幅卻越高，反而是企業家在盈餘比例大幅成長。這裡面，涉及到「三角貿易」的迷思。**

「三角貿易」，是指台灣的資訊和電子產業大舉將生產線移往中國，但是因為《促產條例》針對設計研發給予租稅減免優惠，因此企業的營運總部及研發中心仍留在台灣，形成「台灣接單、海外生產」的三角貿易。

那為什麼「三角貿易」有利ＧＤＰ的成長呢？主計總處在二〇〇五年以後採用ＩＭＦ的「權責制」計算方式，企業在海外的獲利不必實際匯回台灣，只要在帳上

80. 《崩世代：財團化、貧窮化與少子女化的危機》，林宗弘等著，台灣勞工陣線協會，頁20。
81. 2015年2月5日，https://www.youtube.com/watch?v=57Fu8cfH2ps

認列也能算成台灣的GDP。結果，就變成這些在台灣享受租稅優惠的科技業者，將生產基地移至中國，為中國創造龐大的就業市場，卻導致國內工作機會流失，勞工面臨薪資凍漲、失業率上升的困境。最諷刺的是，台灣的GDP竟然還年年成長，只是成長的果實被少數企業頂尖階層拿走罷了！「下滲經濟學」滲不下來，富人們卻吃得肥滋滋。

「再看一張財政部的統計表格[82]，可以比較簡單說明分配不均的情況。如果把台灣家庭年所得分成二十等份，來看最高百分之五與最低百分之五家庭的貧富差距倍數，就可以了解貧富差距是擴大還是縮小。當然，倍數越大代表貧富差距越大，就是越不公平。」

二〇〇五年時，這個數字是五十五倍，到了二〇〇八年，已經到六十五倍；結果二〇一一年的資料顯示，這差距竟高達九十六．五六倍，創下歷史新高！ECFA（兩岸經濟合作架構協議）是馬總統上任後所簽的貿易協議，簽完以後貧富差距卻創下歷史新高，難怪當政府說再簽服貿協議可以「利大於弊」沒人要相信。

「好誇張喔，竟然從五十五倍飆到九十六倍。」小華看起來很不滿。

「ＥＣＦＡ根本是騙人的東西嘛！」小麗也跟著抱怨。

「老師，你的資料只到二〇一一年，那之後呢？有改善嗎？」姍姍提出了疑問，她比較不會人云亦云。

「抱歉喔，財政部已經不再公布了，理由是為了『符合國際慣例並與國際接軌』，所以未來只會公布五等份資料，也就是最高百分之二十與最低百分之二十的倍數，至於二十等份的，官員只說『上面指示』不再公布了。不過如果按照綜所稅申報資料，推估二〇一二年最富百分之五與最窮百分之五的所得差距已經破一百倍。」

「哪有這樣的！這是鴕鳥心態！」姍姍有點不悅地回應。一向較挺政府的她，難得給了一個負評。

「這太不應該了，他們這樣做不怕被罵喔？」連個性最溫和的小美也納悶了。

我搖頭：「民眾早就罵到不想罵了。只能說去年底的選舉就是鄉民大反撲的結果。」

馬總統一直強調服貿協議如果沒有通過，就會影響我國加入「跨太平洋夥伴協定」（ＴＰＰ）與「區域全面經濟夥伴協定」（ＲＣＥＰ）的機會。其實不管是ＴＰＰ或ＲＣＥＰ，其最終目標都是要降低關稅、甚至到零。這種自由貿易的趨勢，憑良心講台灣不可能置身事外。不過話說回來，中國又沒有加入ＴＰＰ，是要怎麼阻擋？

82.《自由時報》，2014年4月29日。

更尷尬的畫面在於，最表態挺服貿的，就是大老闆們，比方裕隆集團董事長嚴凱泰、鴻海集團總裁郭台銘等，反而是中小企業跟一般民眾大力反彈，這問題就是我在前面課程提到的「下滲經濟學」滲不下來、「涓滴效應」滴不下來。

為了讓學生感受百姓面對貿易強權的無奈，我播放了**《文茜的世界周報／經濟發展貧富差距　香港面對中國的矛盾》**[83]：

畫面是香港七一遊行，一群人上街頭抗議中國政府。香港人總愛批評中國人的自由行佔據了他們的尖沙嘴廣東道，問題是光以二〇一三年為例，五千四百萬人次的觀光客裡中國就佔了四千萬人，帶來超過新台幣一千億的收入，光香港就有二十多萬人從事旅遊相關工作。

開放中國投資移民，結果是中國人瘋狂買房，為香港帶來大筆財富，最後香港人自己卻買不起自己的房子了。香港人討厭中國觀光客嗎？香港人討厭中國炒房團嗎？影片裡有一句話很簡單：**賺得到的就贊成、賺不到的就反對。**

「我覺得香港人好可憐喔，」芊芊同情地說著，「他們的生活已經被打亂了。」

「我爸也說，去香港一說普通話就會被討厭，還好我爸國語不標準。」

「我們家暑假去香港迪士尼，根本沒得玩，全部都是陸客擠爆了！」

「對啊，台灣的故宮也是，陸客團又吵又愛推擠。」

也許是港人的處境讓學生感同身受起來，我看大家討論得滿起勁的。不過課堂時間差不多了，我只好做個總結：「香港人對於與中國經濟貿易的不滿，正是『佔中運動』發生的一個重要原因。各位如果還有印象的話，台灣在太陽花學運時有一個口號就是**『今日香港、明日台灣』**，這也是驅使人民反對服貿的一個有力訴求。」

全球化不是不好，自由貿易也難以逆轉，問題出在分配不均：當新自由主義不斷強調放任是好的、反對政府保護勞動市場，當財團不斷向政府要脅減稅及補貼，否則產業將大舉出走，我們只看到勞工每天在跟失業、低薪、長工時賽跑。市場已經失靈，我們需要政府重新管理，我們也需要公民找回自信，重新打造一個「機會公平」的民主社會。

最後，我引用《崩世代》裡一位大四學生的感言總結：「某些時候，新聞媒體上出現的數字與標語，並非是你認識這個社會的唯一方式，因為，他經常是詞不達意、言不由衷的。試著讓自己多去思辨看看事實背後的真理，當今天自己逐漸成為總體經濟

83. 2014年9月6日，https://www.youtube.com/watch?v=238qQaUw1Pc

但有一個夢
不會死記著吧
無論雨怎麼打
自由仍是會開花
希望在於人民
改變始於抗爭
警方
昨共放87枚催淚彈
遮打革命
Revolution
Umbrella

二〇一四年九月二十六日，港人發起「佔中運動」，之後身在台灣的香港學生亦紛紛挺身而出，在台北自由廣場舉辦聲援佔中晚會，會場聚集逾萬人，力挺香港爭取真普選。

發達下的廉價犧牲品時，不妨儲備起更多的知識戰力、勞動武力來與大鯨魚對抗。歡迎一同成為崩世代的拒馬，將財團化、貧窮化、少子女化矗立在我們的國家之外。」

課後作業

◎這一課，值得你認識的公民團體NGO：

台灣勞工陣線協會／公平稅改聯盟

《文茜的世界財經周報／APEC東協峰會接力　關鍵字：自由貿易》[84]

二〇一四年APEC大會裡頭，非常重要的專題就是自由貿易這四個字，而且各種型態的自由貿易全都浮上檯面來。

TPP（The Trans-Pacific Partnership），跨太平洋夥伴協定

目前成員國：十二國，美國、新加坡、韓國、日本、越南、馬來西亞、汶萊、紐西蘭、澳洲、加拿大、墨西哥、祕魯

成員國GDP佔全球總量：百分之三十八

特色：TPP是高品質、高標準的自由貿易協定，標榜全面自由化，目前成員國有不少工業發達國家，因此對服務業的帶動大於對製造業的帶動。

RCEP（Regional Comprehensive Economic Partnership），區域全面經濟夥伴協定

目前成員國：十六國，東協十國（汶萊、柬埔寨、印尼、寮國、馬來西亞、緬甸、菲律賓、新加坡、泰國、越南）、中國、日本、韓國、紐西蘭、澳洲、印度

成員國GDP佔全球總量：百分之三十

特色：東協加振興製造業的火車頭。由於RCEP多半是發展中國家，因此對製造業的帶動會大於服務業，和TPP相反。貨品貿易以涵蓋百分之九十至百分之九十五的項目為目標。

84. 2014年11月16日，https://www.youtube.com/watch?v=x8SxIZDSXgo

一、根據經濟部統計，二〇一二年台灣與TPP成員國貿易約佔貿易總額百分之四十．一；與RCEP成員國貿易佔比高達百分之五十六．五四。若台灣沒加入，官方說法是屆時台灣產品出口到這些國家，要比競爭對手國負擔更高的關稅、承受較高的貿易障礙，出口勢必受到衝擊。請各組同學詳讀相關資料並討論，你們認為台灣應不應該加入？

二、不論加入或不加入，若你是政府官員，你會如何增加民眾的福祉？請提出幾點具體政策作法。

後記

經濟學的「市場失靈」（market failure），是指在現實生活中，常有許多因素使得市場機能（或價格機能）無法充分發揮，這時候就需要政府介入，使得市場恢復運作，達到最佳效率。在「公共選擇理論」（Public choice theory）底下，有「政府失靈」（government failure）的說法，意思是政府的干預不但未能符合預期，反而使得整體經濟效率下降。

私人選擇，由於花的是自己的錢，所以人們當然會斤斤計較，深怕吃虧。但是公共選擇，官員花的不是自己的錢，是全民納稅錢，這就有了藏汙納垢的空間。利益團體的遊說正是其中的關鍵。雖然說民主政治是「一人一票」，但是實際上真正有影響力的卻是「一元一票」。一般民眾雖然為數眾多，然而力量分散，難以團結影響政治；利益團體由於關乎自身利益，雖然人少但是力量集中，他們會透過強力的關說、支持特定候選人、撒下大量政治獻金等方式，直接影響執政當局的決策。**這就是為什麼我們往往看到政府站在財團那一端，卻堅持推行某些會犧牲廣大民眾權益的錯誤政策。**總統堅持服貿協議「利大於弊」，第一個跳出來相挺的就是裕隆、鴻海等超大型財團，對比立法院內外靜坐抗議的學生平民百姓，這畫面是何等諷刺！二〇〇八年北京奧運口號「One World, One Dream」，二〇一四年柯文哲競選口號「One City, One Family」，兩個口號都在強調人類社會是彼此相關、休戚與共。這不是百分之一的社會，這是百分之百的社會，全球化貿易的結果應該是讓全民皆富，如果政府仍然關起門持續向財團傾斜，革命的火焰一定會捲土重來，最終還是會傷害到民主體制本身，就像史迪格里茲講的：「**整個歷史上，頂層百分之一最後都會學到這點，但往往學得太晚。**」

國家圖書館預行編目資料

思辨——熱血教師的十堂公民課／黃益中著. --初版. --臺北市:寶瓶文化, 2015. 4
面； 公分. --(Vision；124)
ISBN 978-986-406-011-5（平裝）

1. 公民教育

528.3　　104006553

Vision 124

思辨——熱血教師的十堂公民課

作者／黃益中

發行人／張寶琴
社長兼總編輯／朱亞君
副總編輯／張純玲
資深編輯／丁慧瑋　編輯／林婕伃
美術主編／林慧雯
校對／賴逸娟・陳佩伶・劉素芬・黃益中
營銷部主任／林歆婕　業務專員／林裕翔　企劃專員／李祉萱
財務／莊玉萍
出版者／寶瓶文化事業股份有限公司
地址／台北市110信義區基隆路一段180號8樓
電話／(02) 27494988　傳真／(02) 27495072
郵政劃撥／19446403　寶瓶文化事業股份有限公司
印刷廠／世和印製企業有限公司
總經銷／大和書報圖書股份有限公司　電話／(02) 89902588
地址／新北市新莊區五工五路2號　傳真／(02) 22997900
E-mail／aquarius@udngroup.com
版權所有・翻印必究
法律顧問／理律法律事務所陳長文律師、蔣大中律師
如有破損或裝訂錯誤，請寄回本公司更換
著作完成日期／二〇一五年
初版一刷日期／二〇一五年四月三十日
初版十五刷+日期／二〇二二年九月二日
ISBN／978-986-406-011-5
定價／三〇〇元
Copyright © 2015 by Huang I-Chung
Published by Aquarius Publishing Co., Ltd.
All rights reserved.
Printed in Taiwan.

AQUARIUS 寶瓶文化事業

愛書人卡

感謝您熱心的為我們填寫，
對您的意見，我們會認真的加以參考，
希望寶瓶文化推出的每一本書，都能得到您的肯定與永遠的支持。

系列：Vision 124 **書名：思辨——熱血教師的十堂公民課**

1. 姓名：__________ 性別：□男 □女
2. 生日：____年____月____日
3. 教育程度：□大學以上 □大學 □專科 □高中、高職 □高中職以下
4. 職業：__________
5. 聯絡地址：__________
   聯絡電話：__________ 手機：__________
6. E-mail信箱：__________
   □同意 □不同意 免費獲得寶瓶文化叢書訊息
7. 購買日期：____ 年 ____ 月 ____日
8. 您得知本書的管道：□報紙／雜誌 □電視／電台 □親友介紹 □逛書店 □網路 □傳單／海報 □廣告 □其他
9. 您在哪裡買到本書：□書店，店名__________ □劃撥 □現場活動 □贈書 □網路購書，網站名稱：__________ □其他__________
10. 對本書的建議：（請填代號 1. 滿意 2. 尚可 3. 再改進，請提供意見）
    內容：__________
    封面：__________
    編排：__________
    其他：__________
    綜合意見：__________
11. 希望我們未來出版哪一類的書籍：__________

讓文字與書寫的聲音大鳴大放

寶瓶文化事業股份有限公司

（請沿此虛線剪下）

廣　告　回　函
北區郵政管理局登記
證北台字15345號
免貼郵票

寶瓶文化事業股份有限公司　收

110台北市信義區基隆路一段180號8樓

8F,180 KEELUNG RD.,SEC.1,

TAIPEI.(110)TAIWAN R.O.C.

（請沿虛線對折後寄回，謝謝）